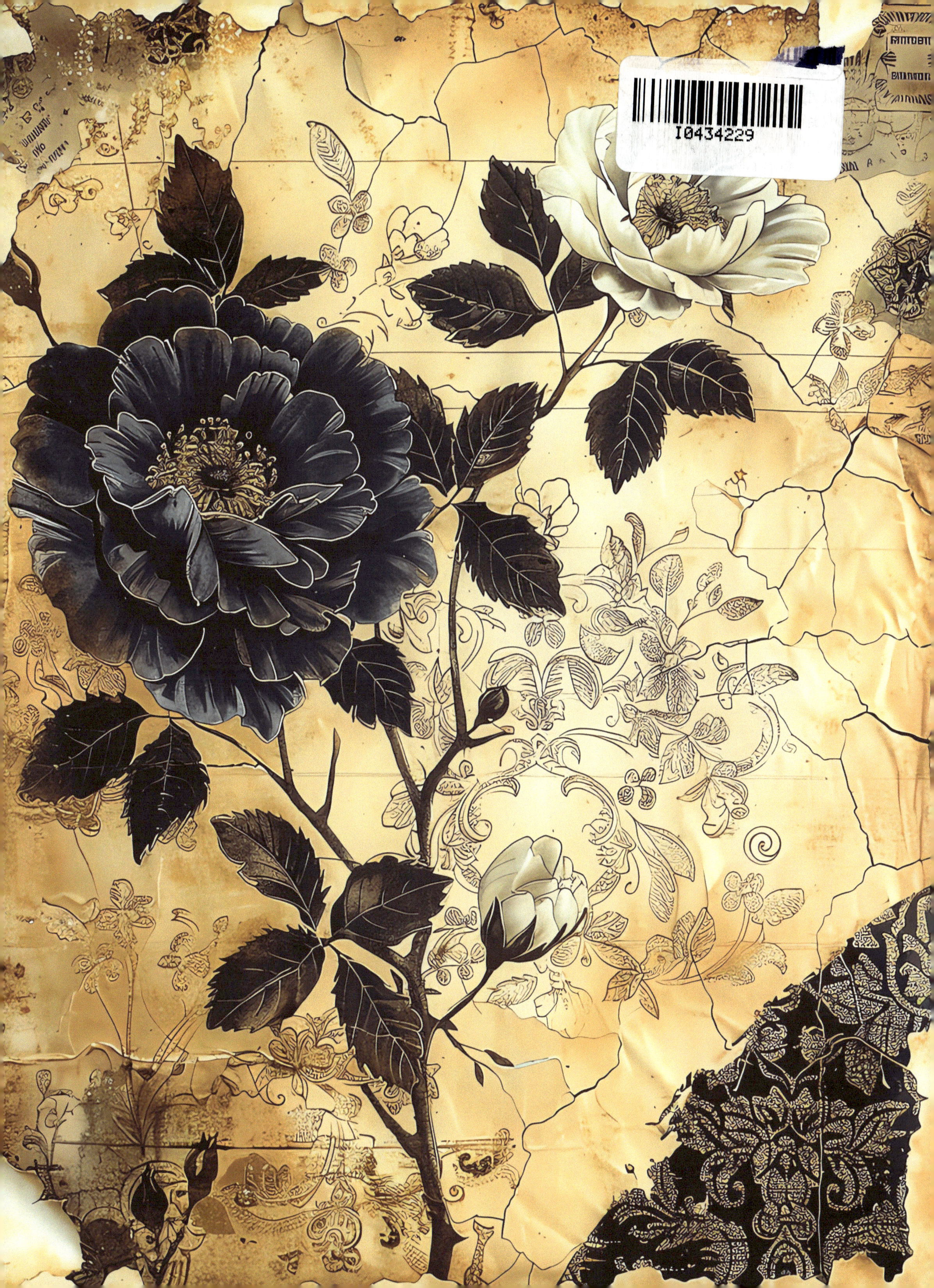

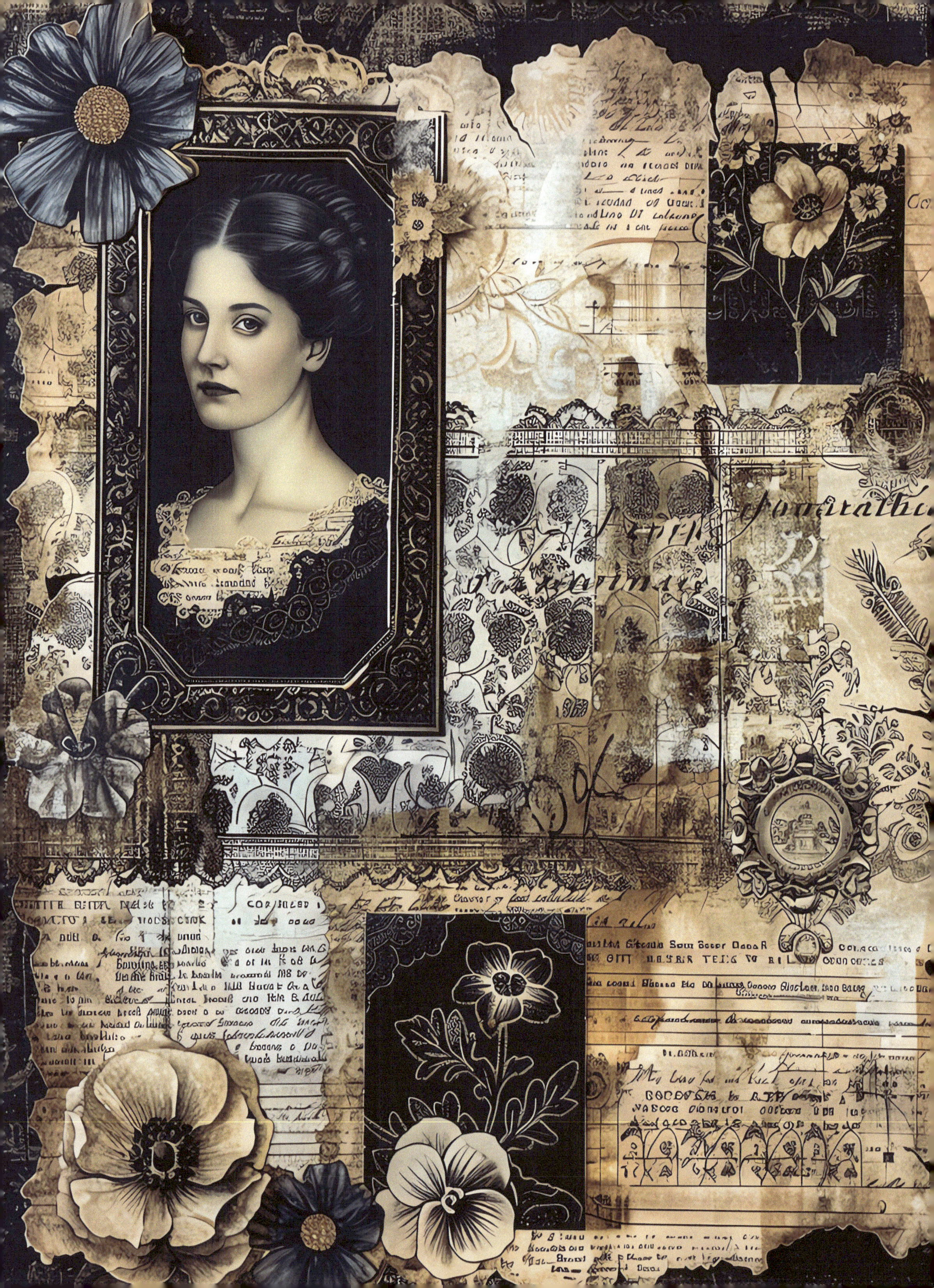

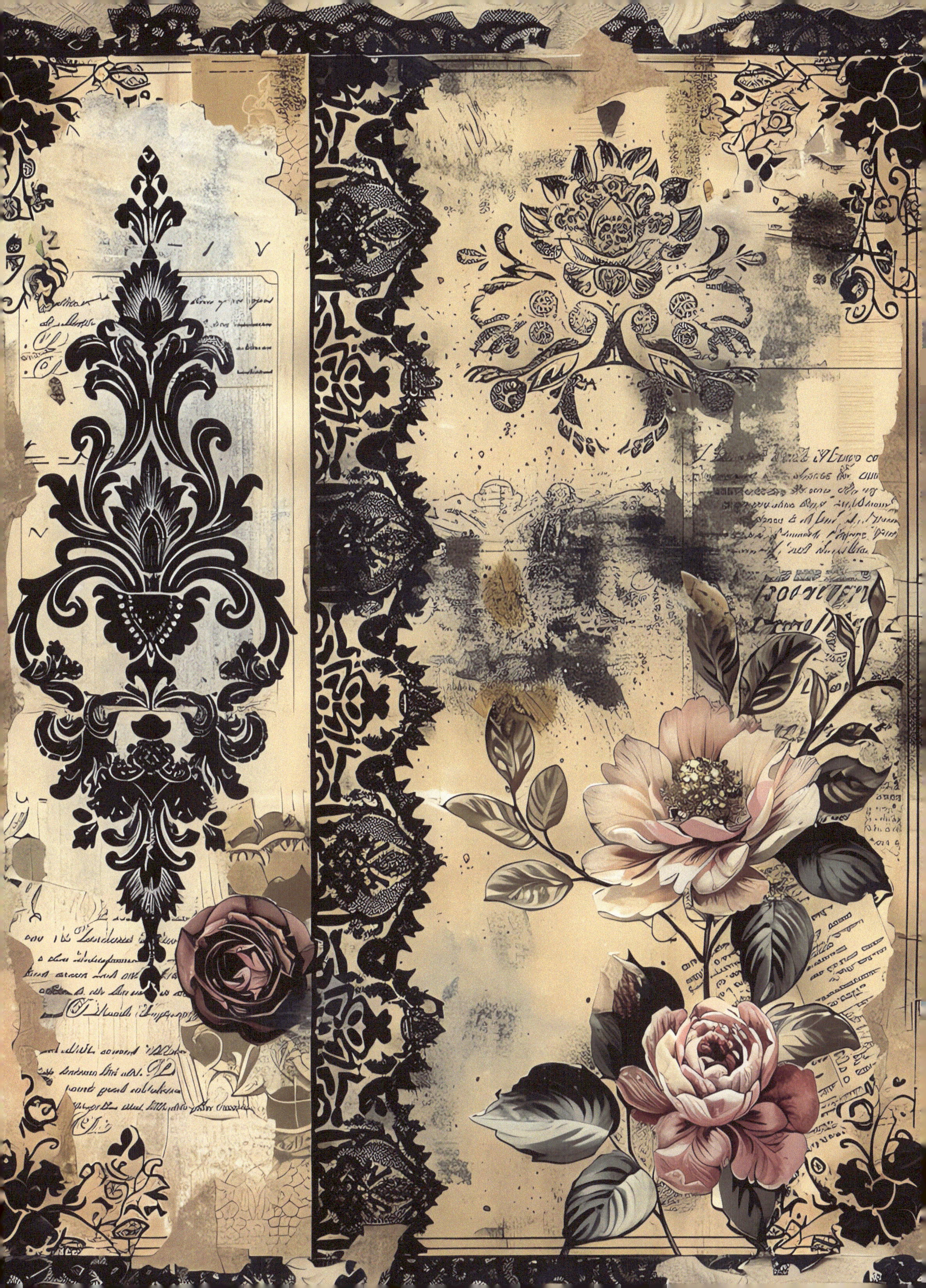

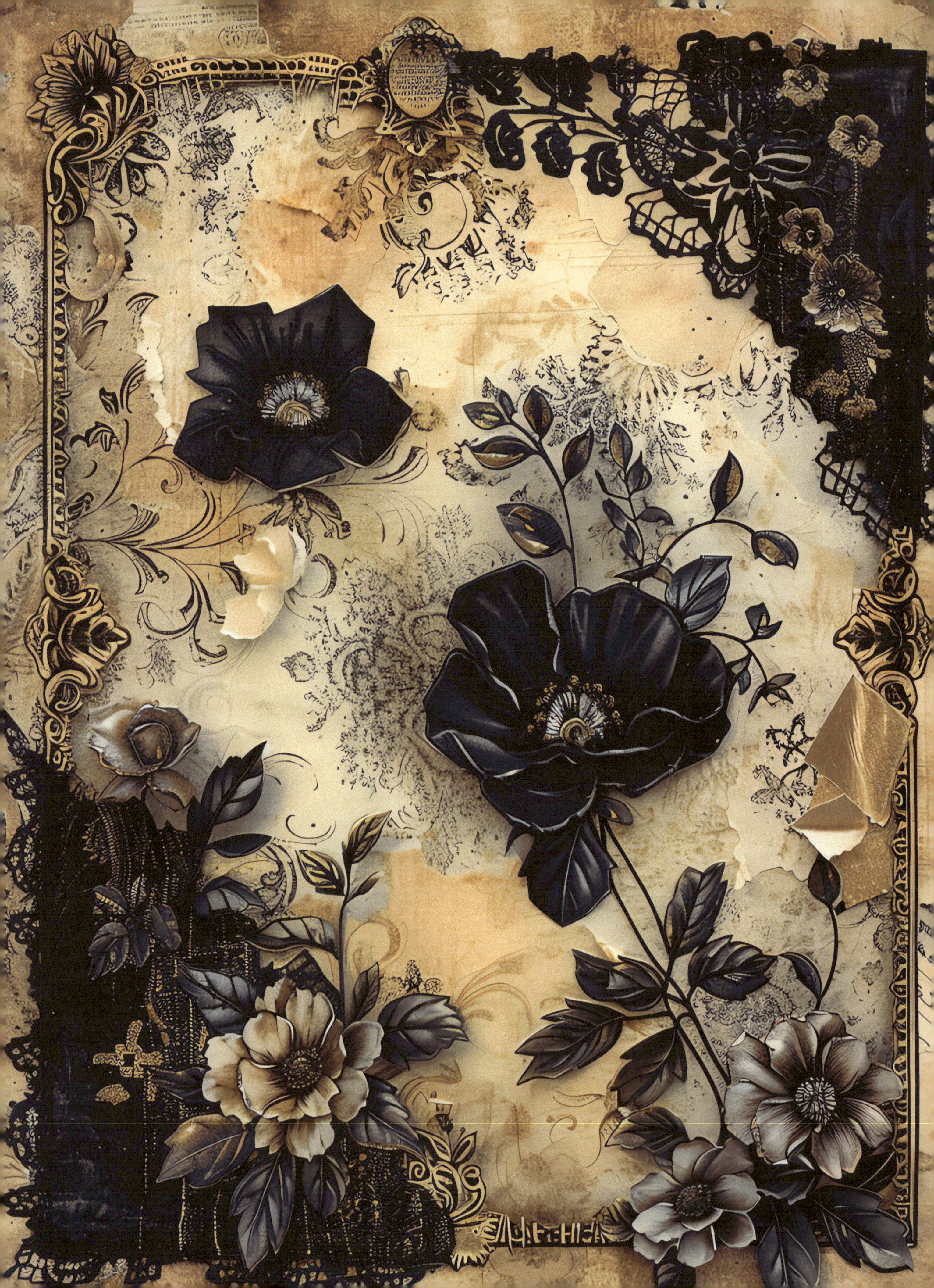

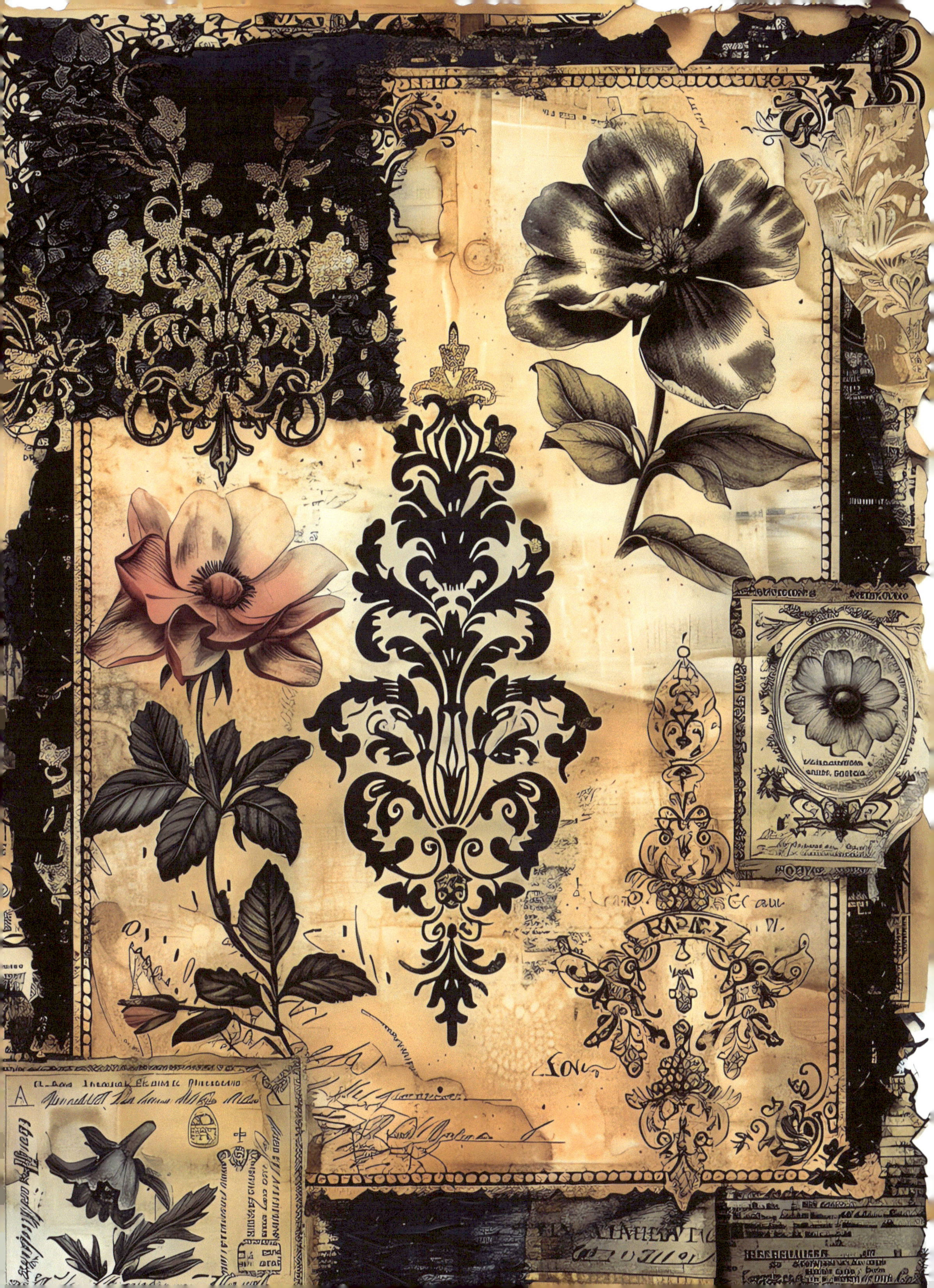

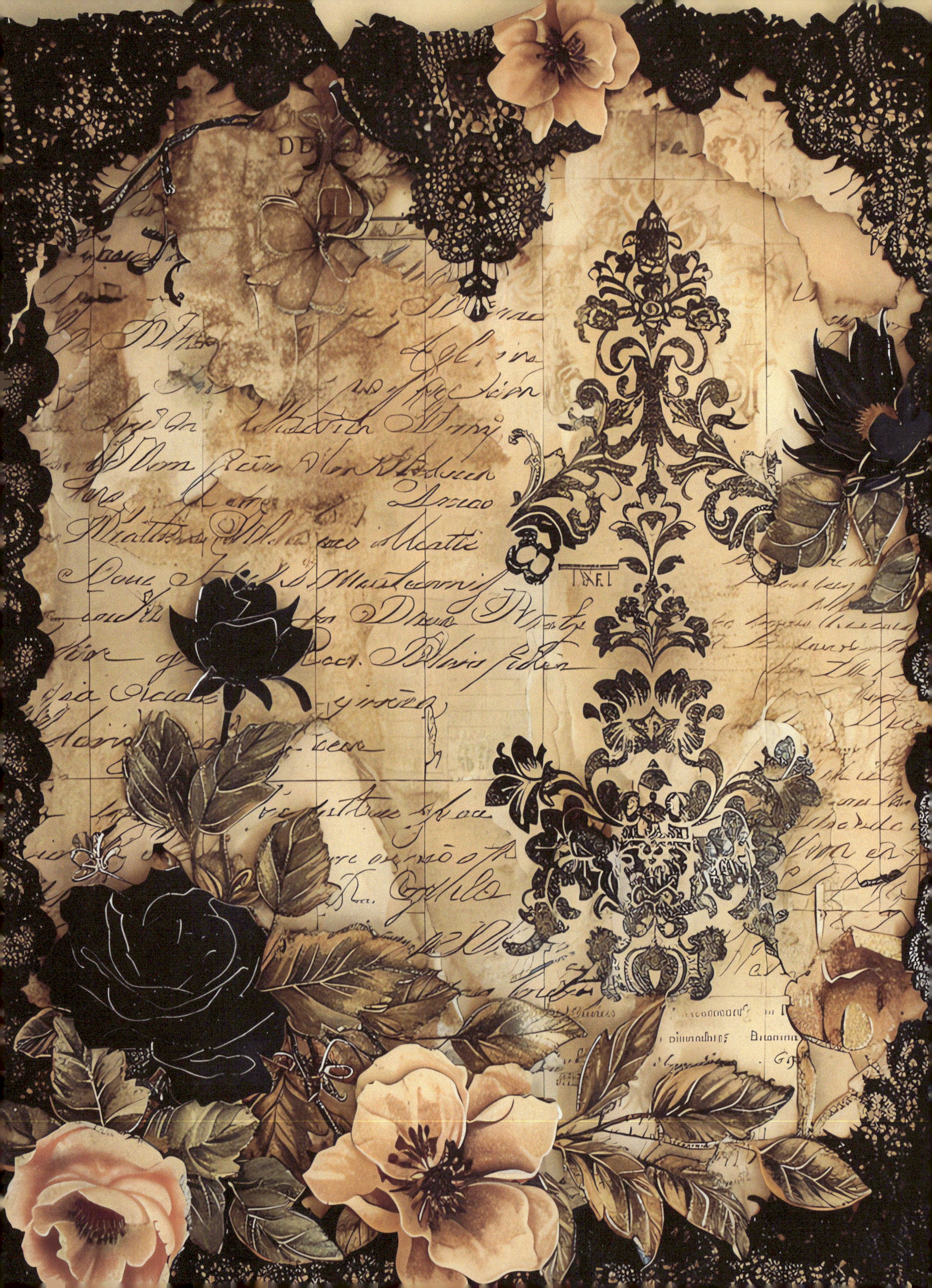

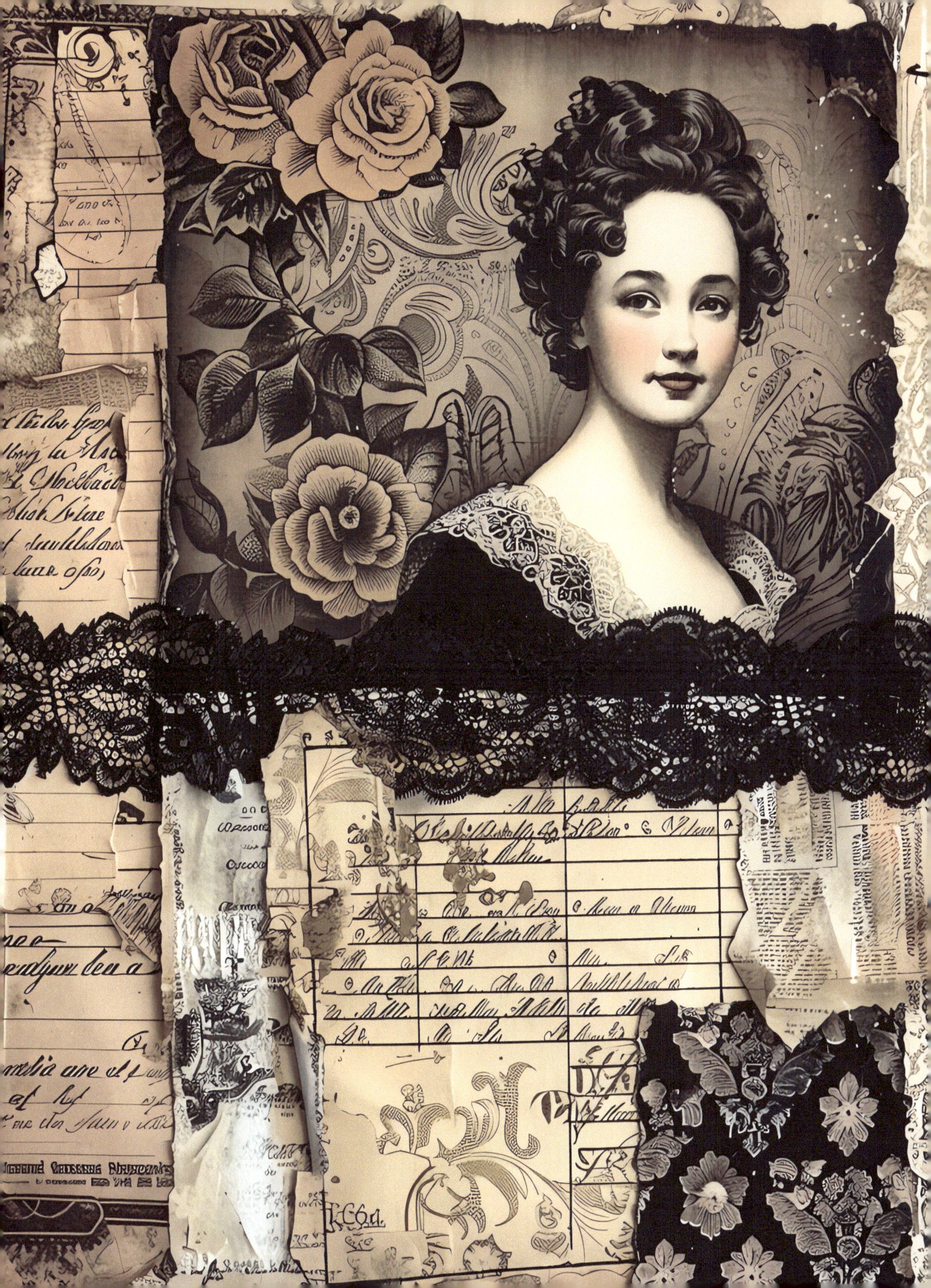

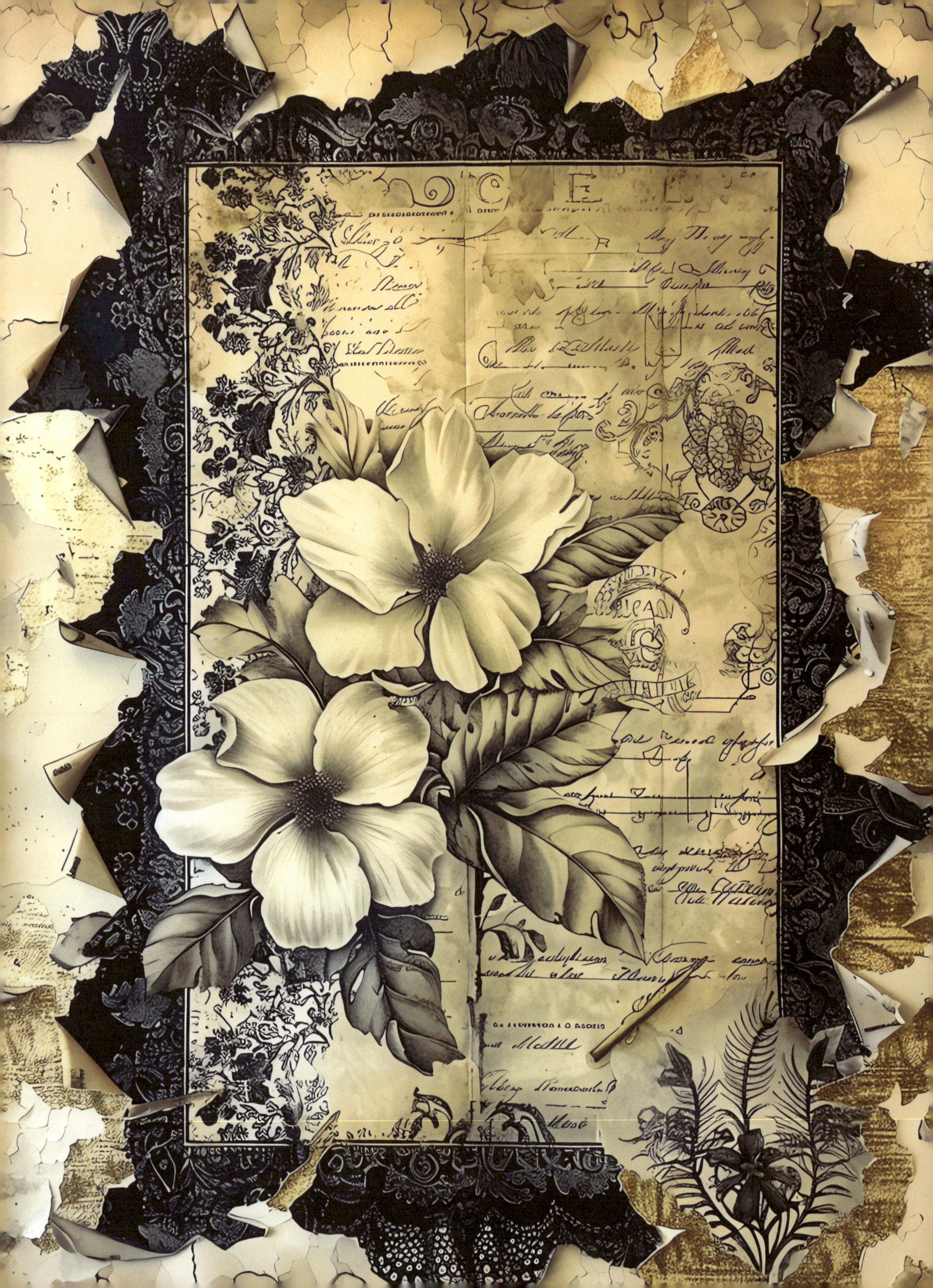

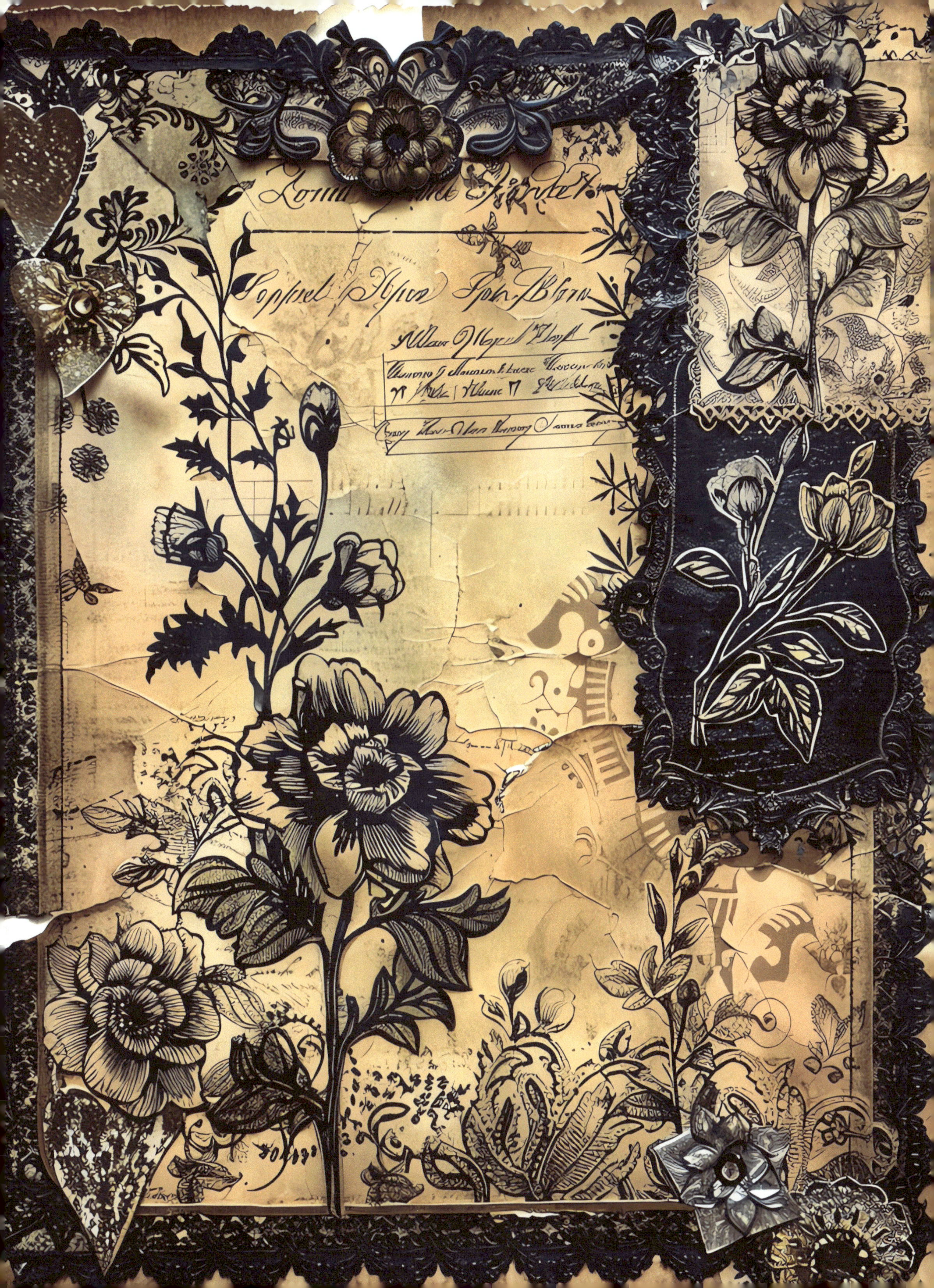

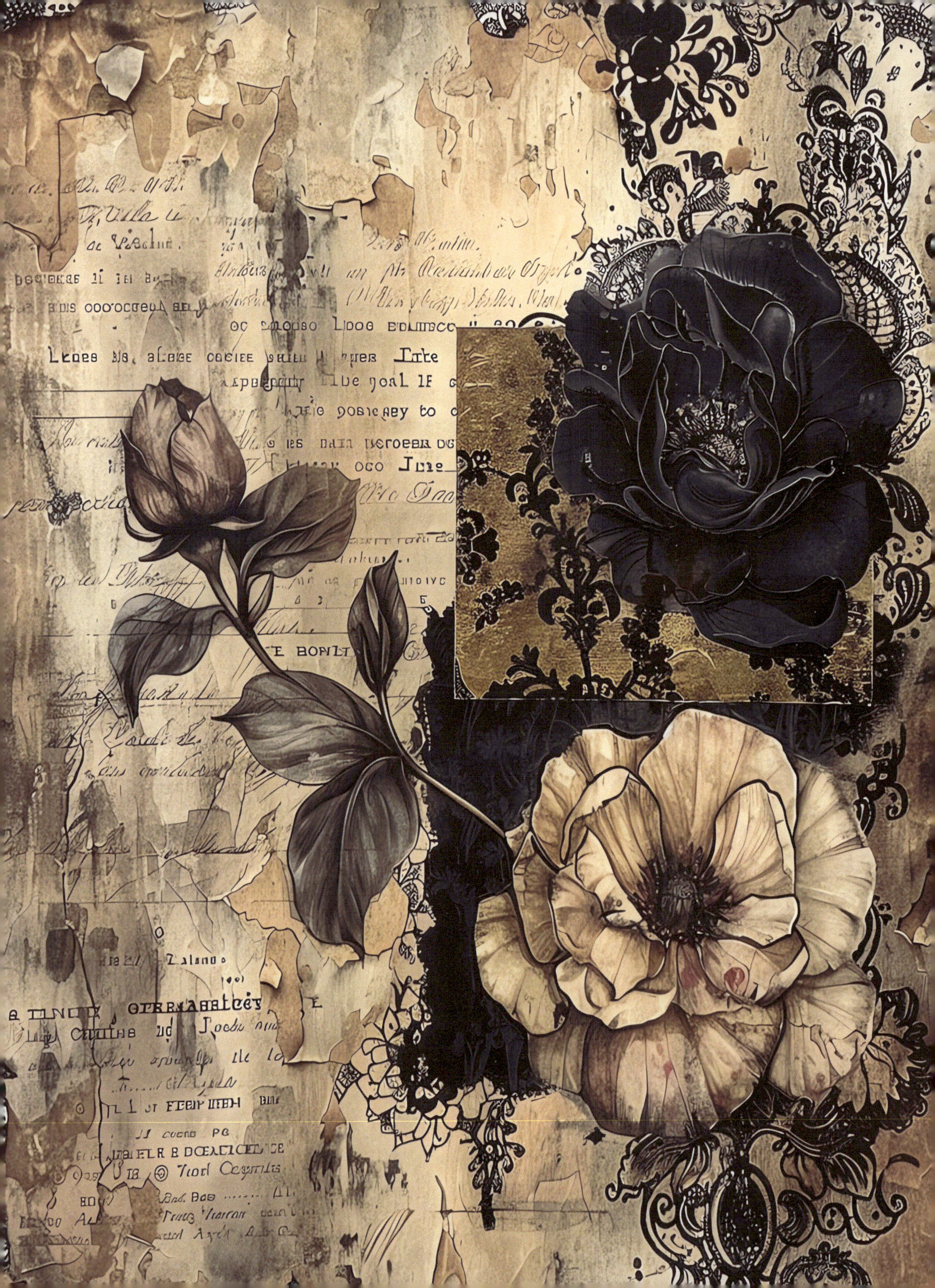

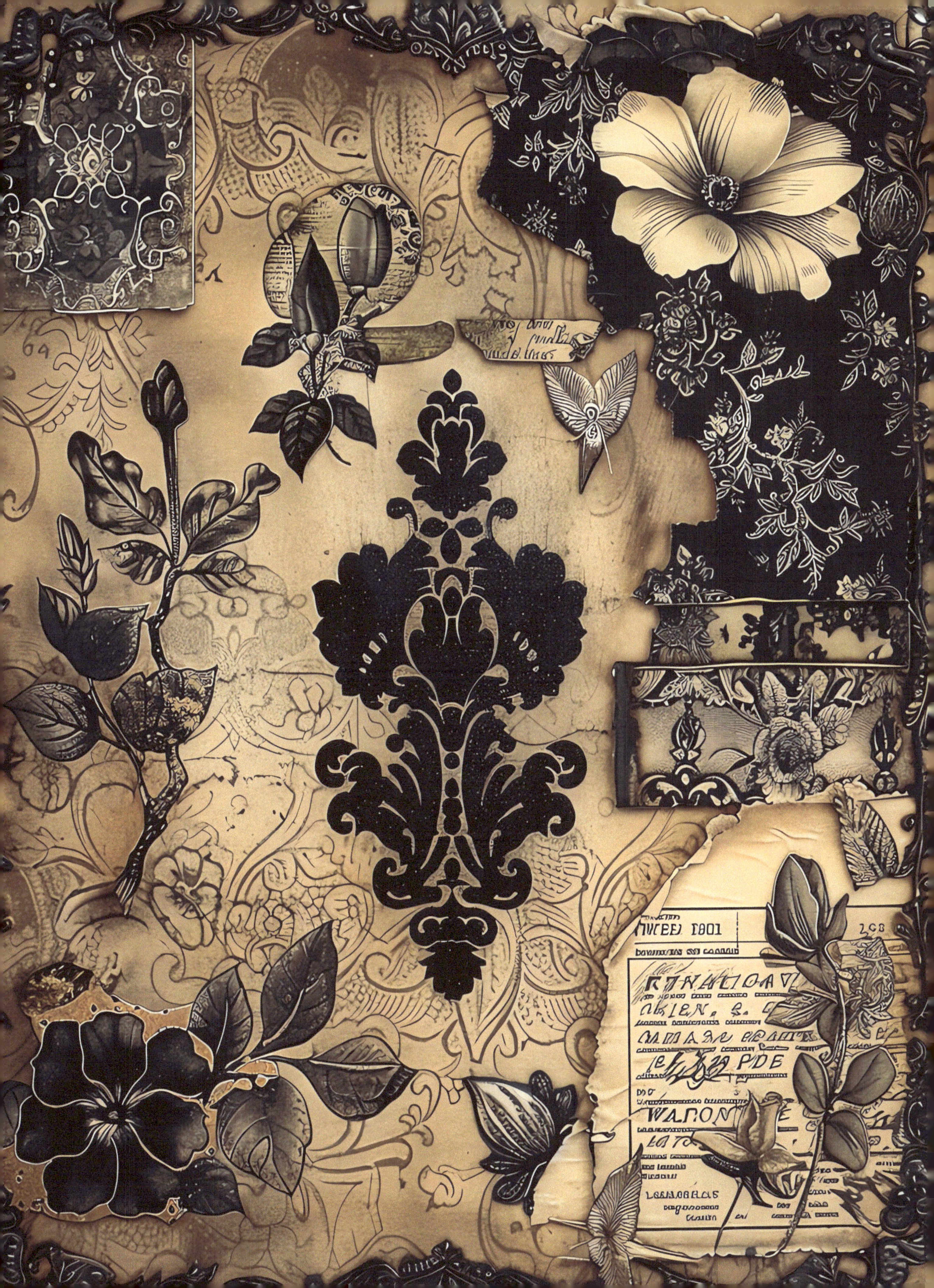

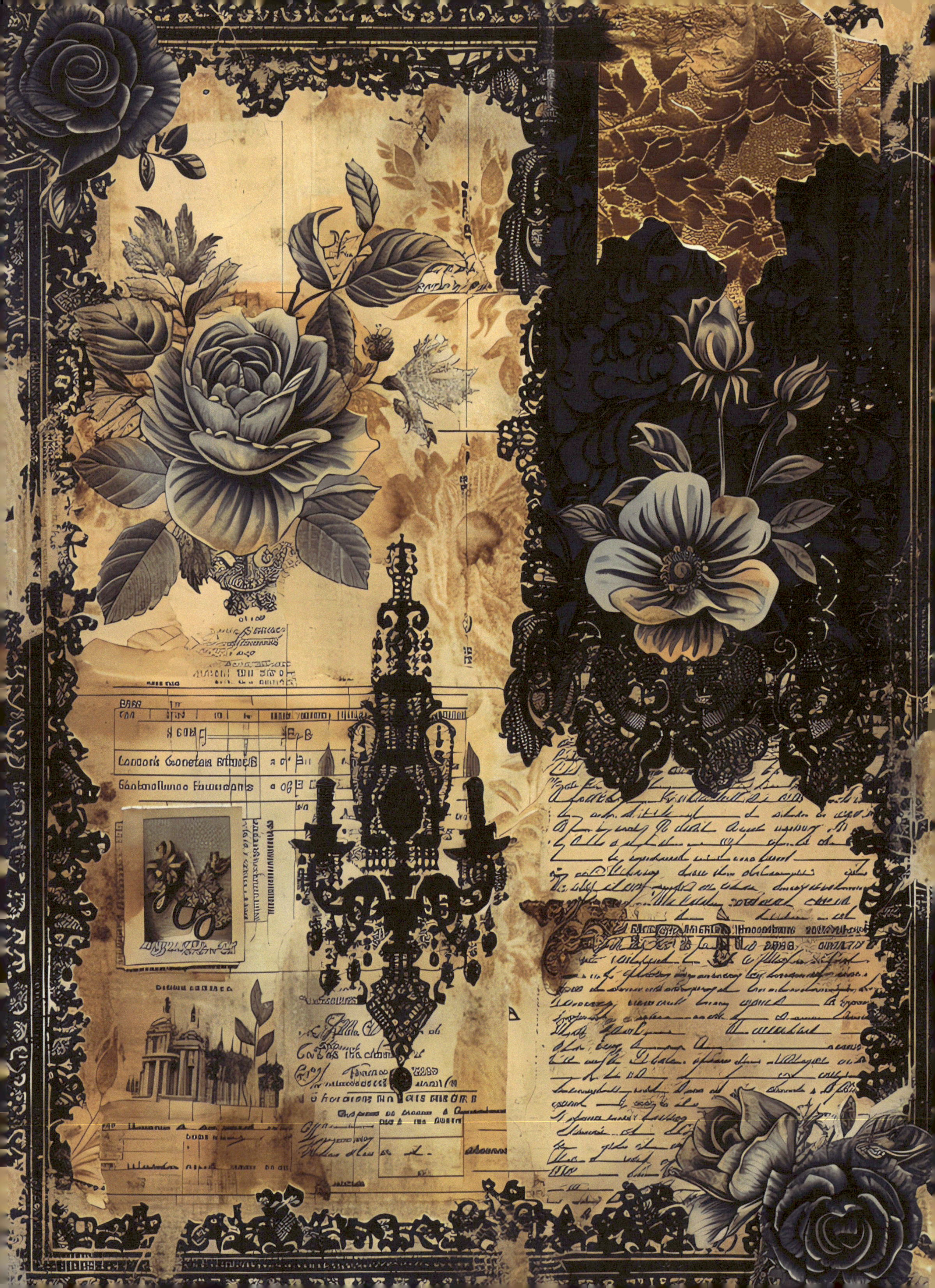

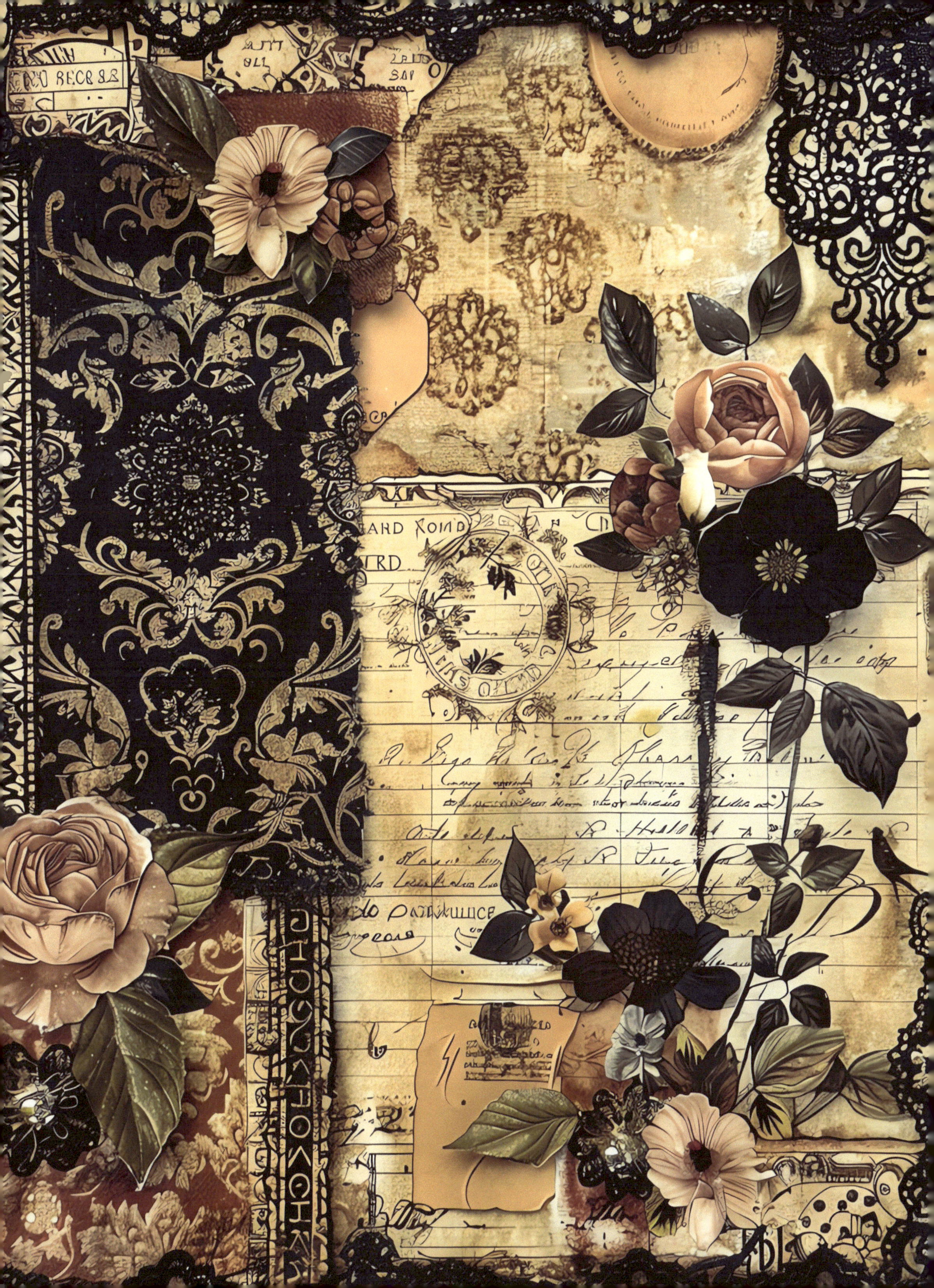

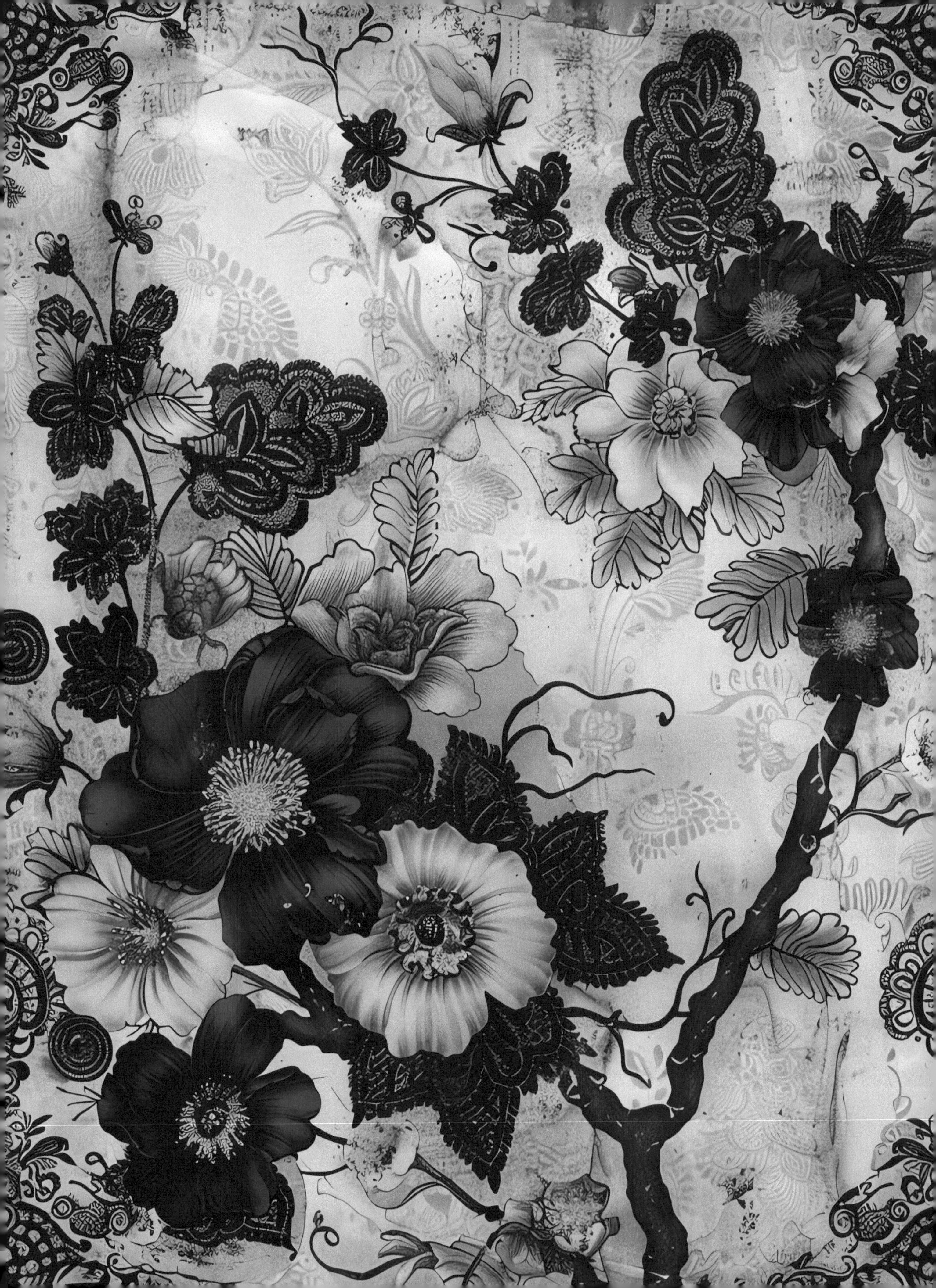

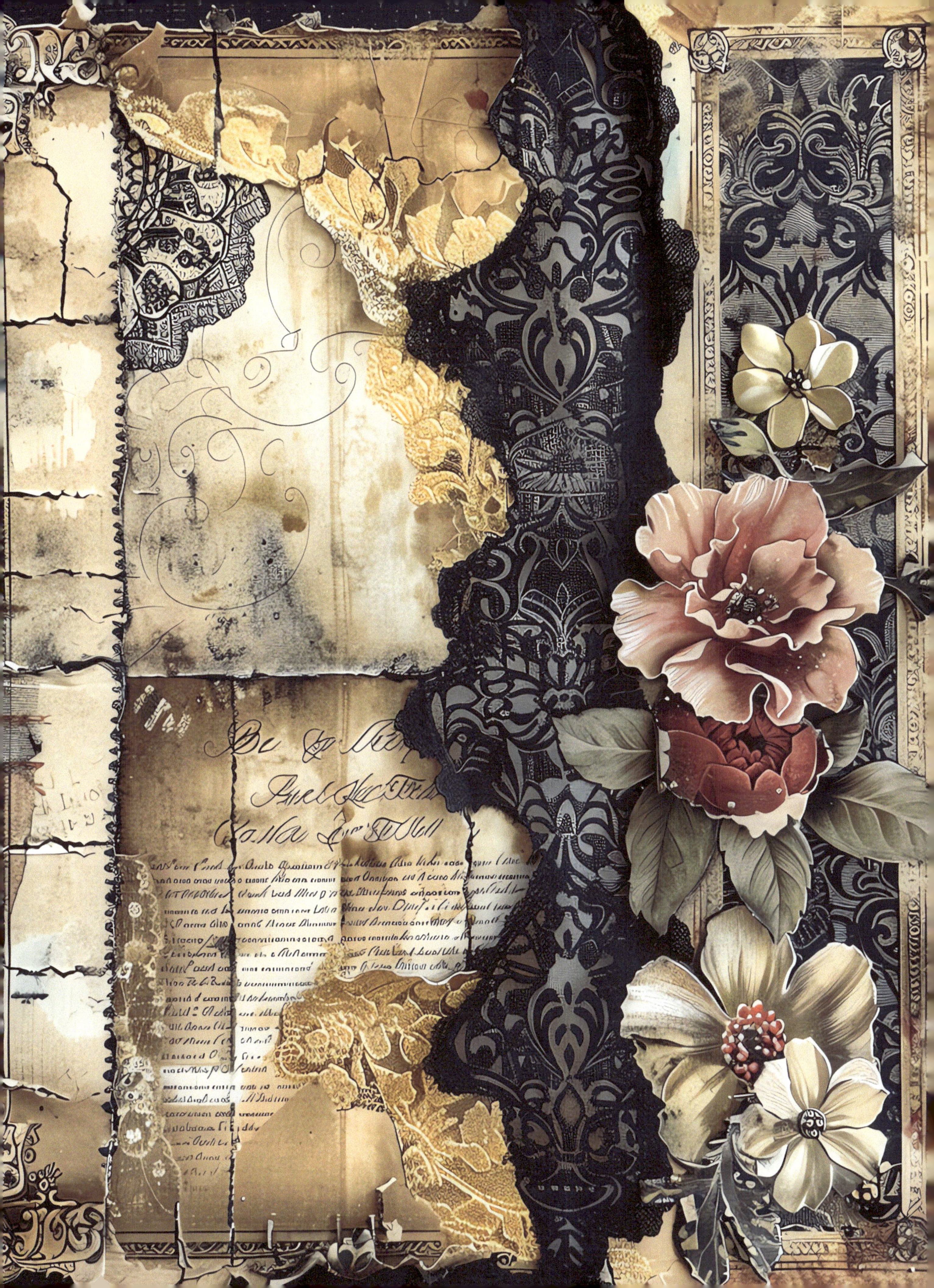

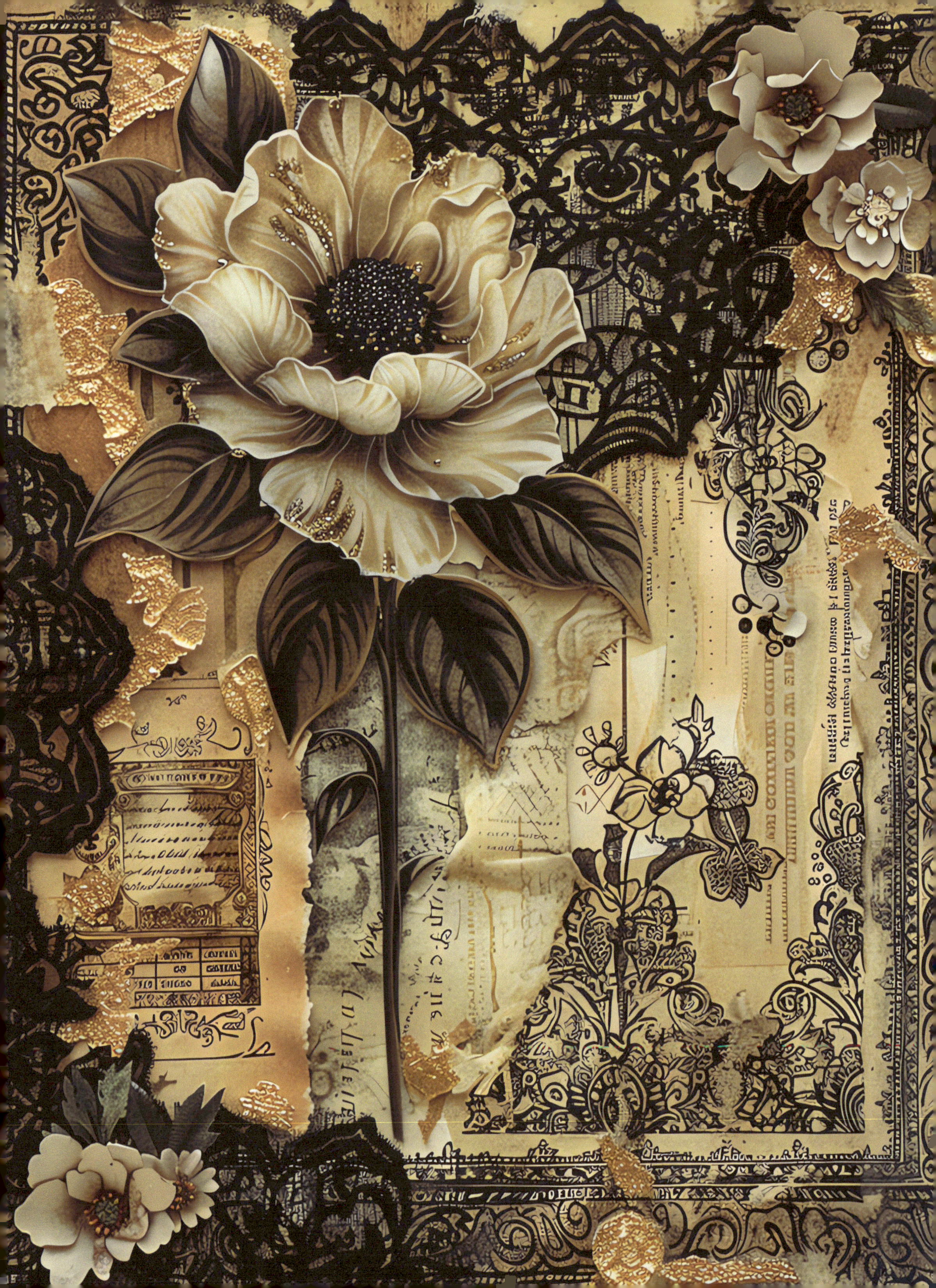

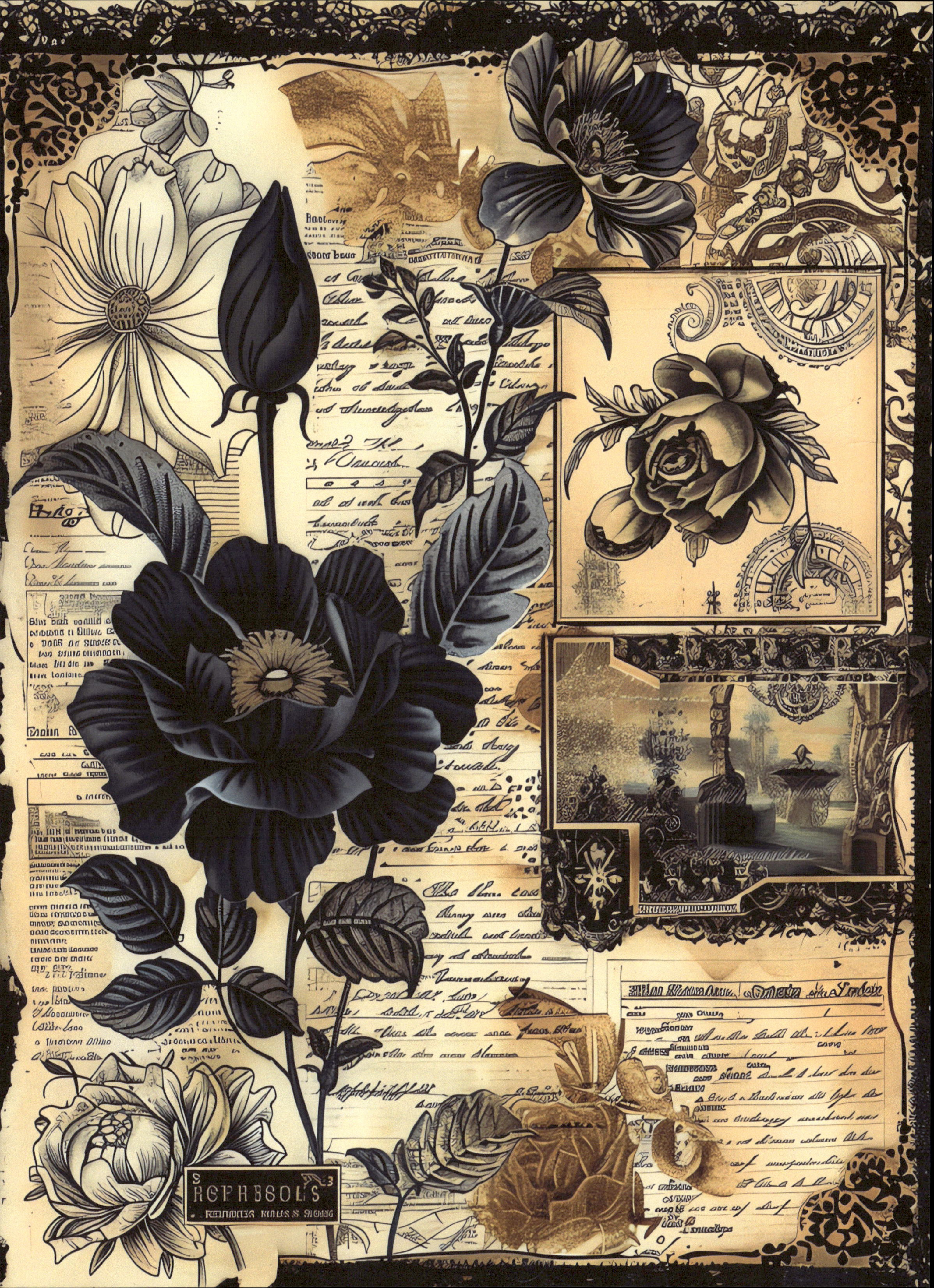

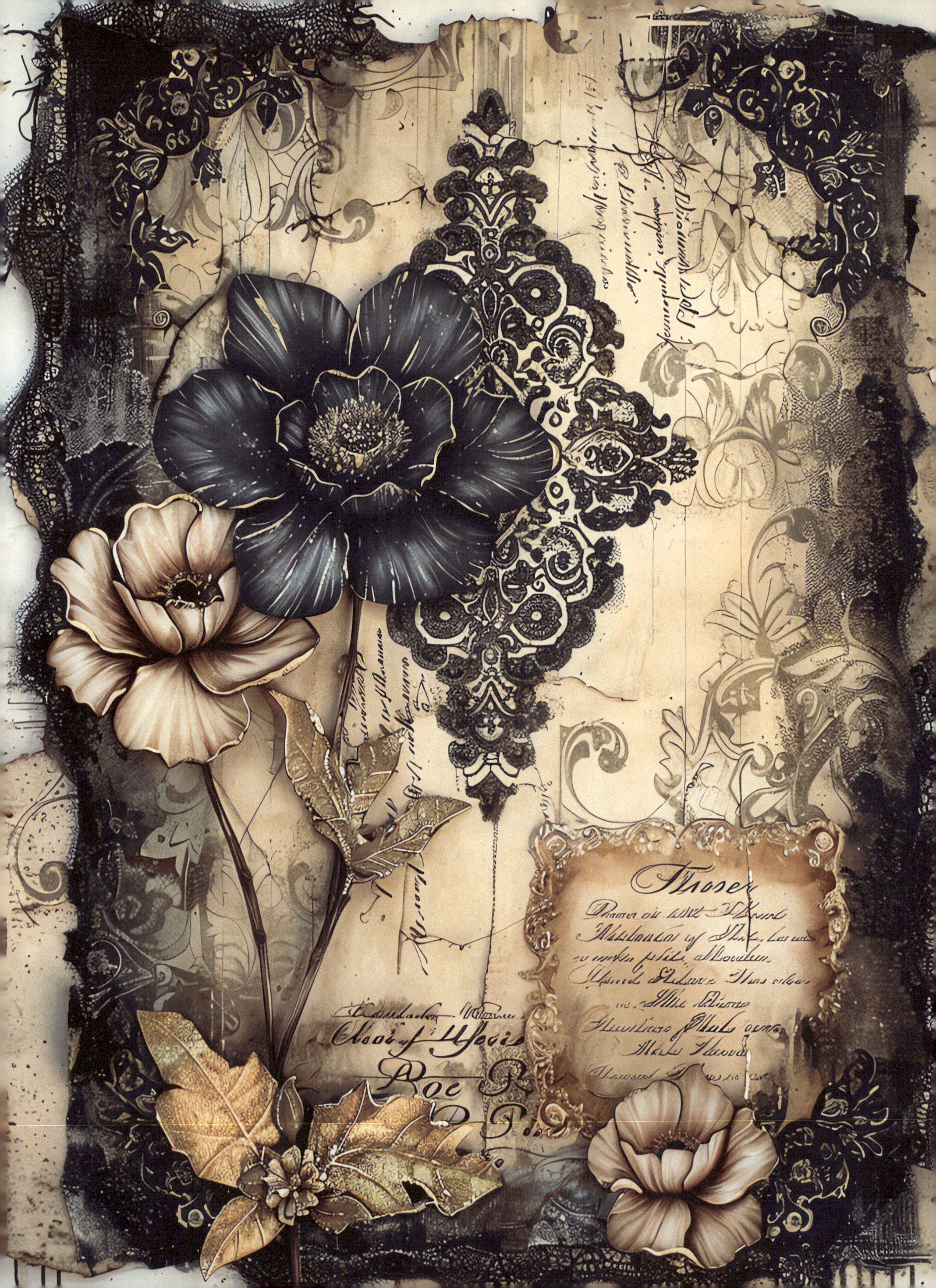

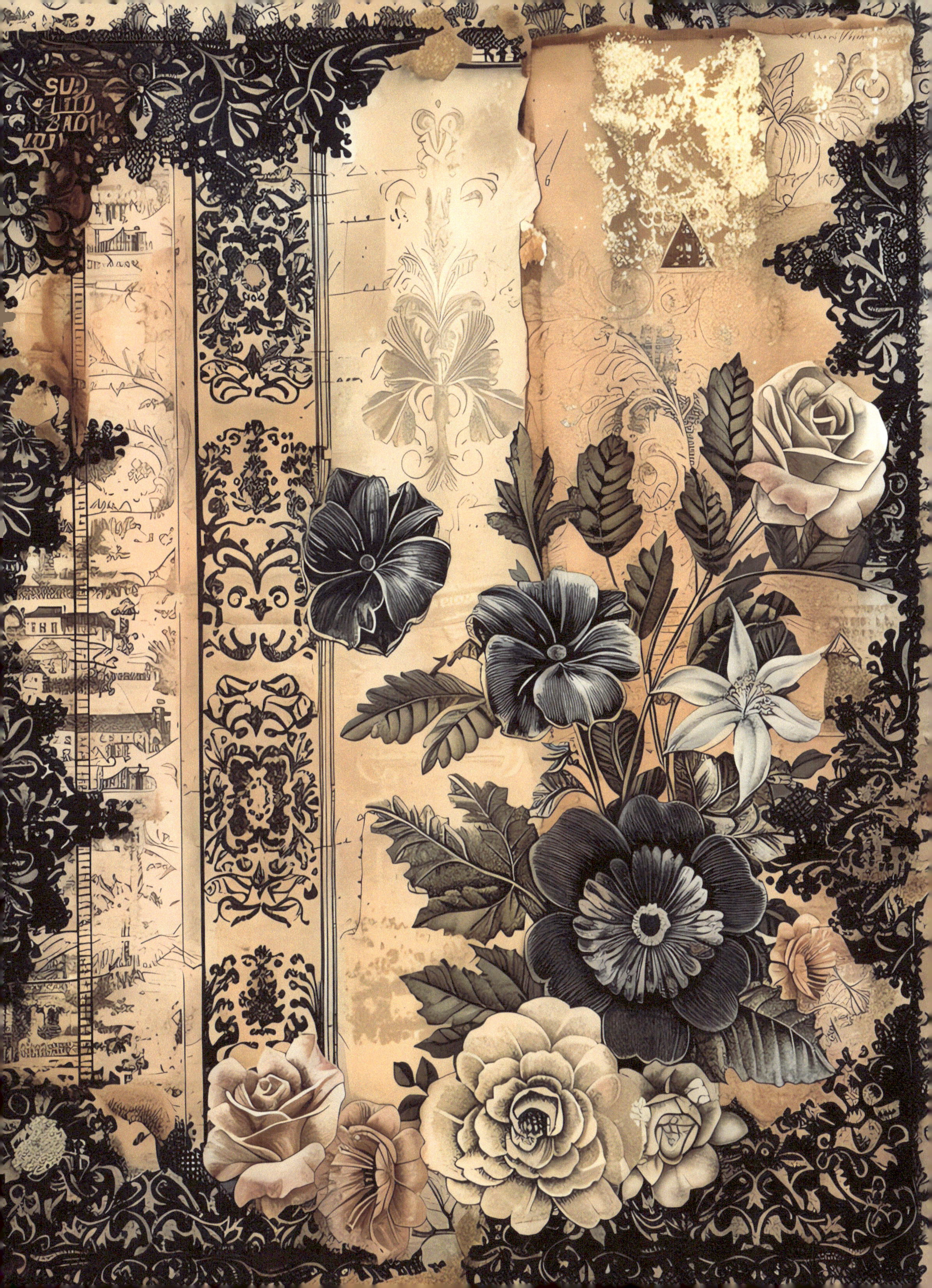

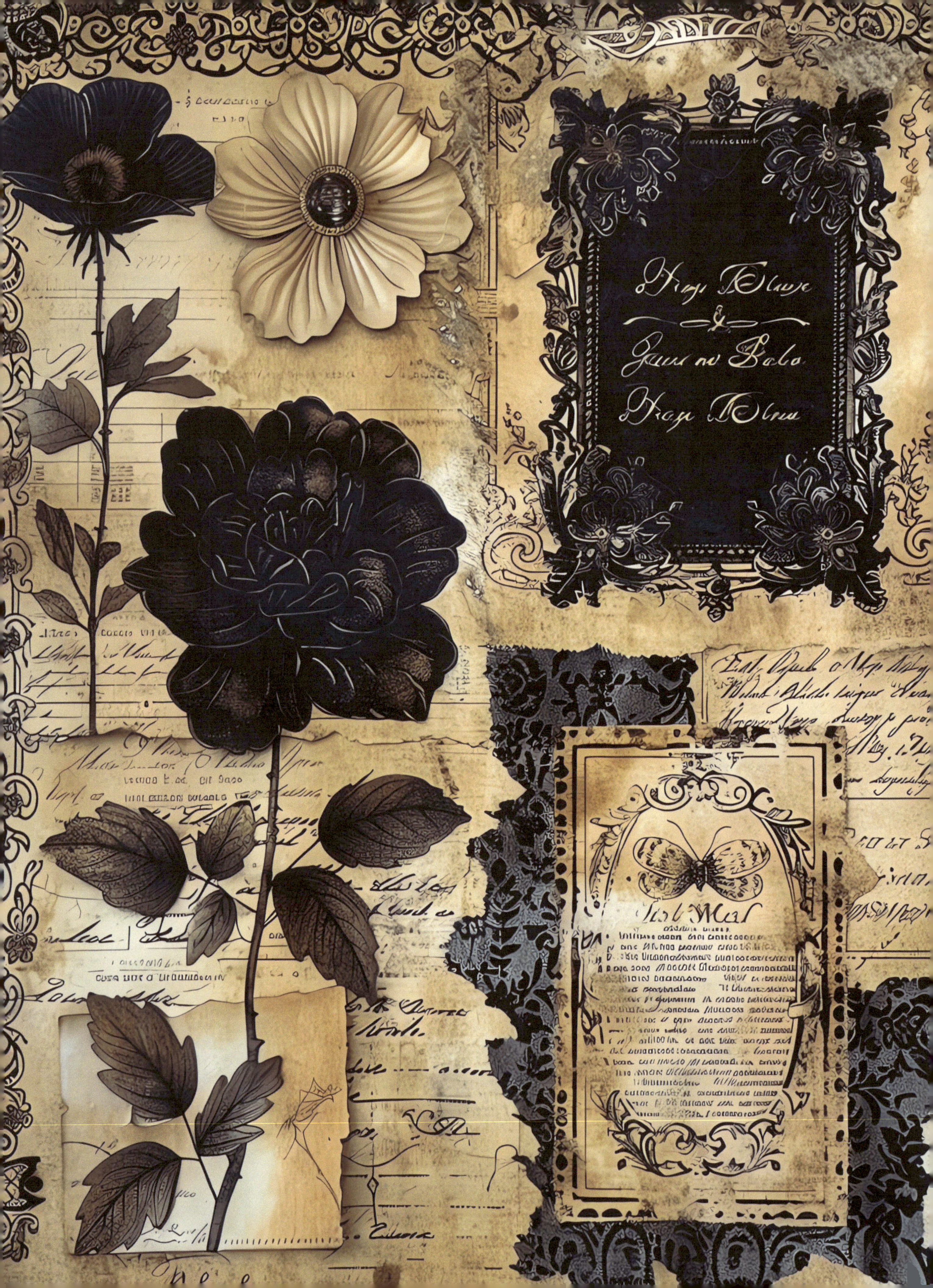

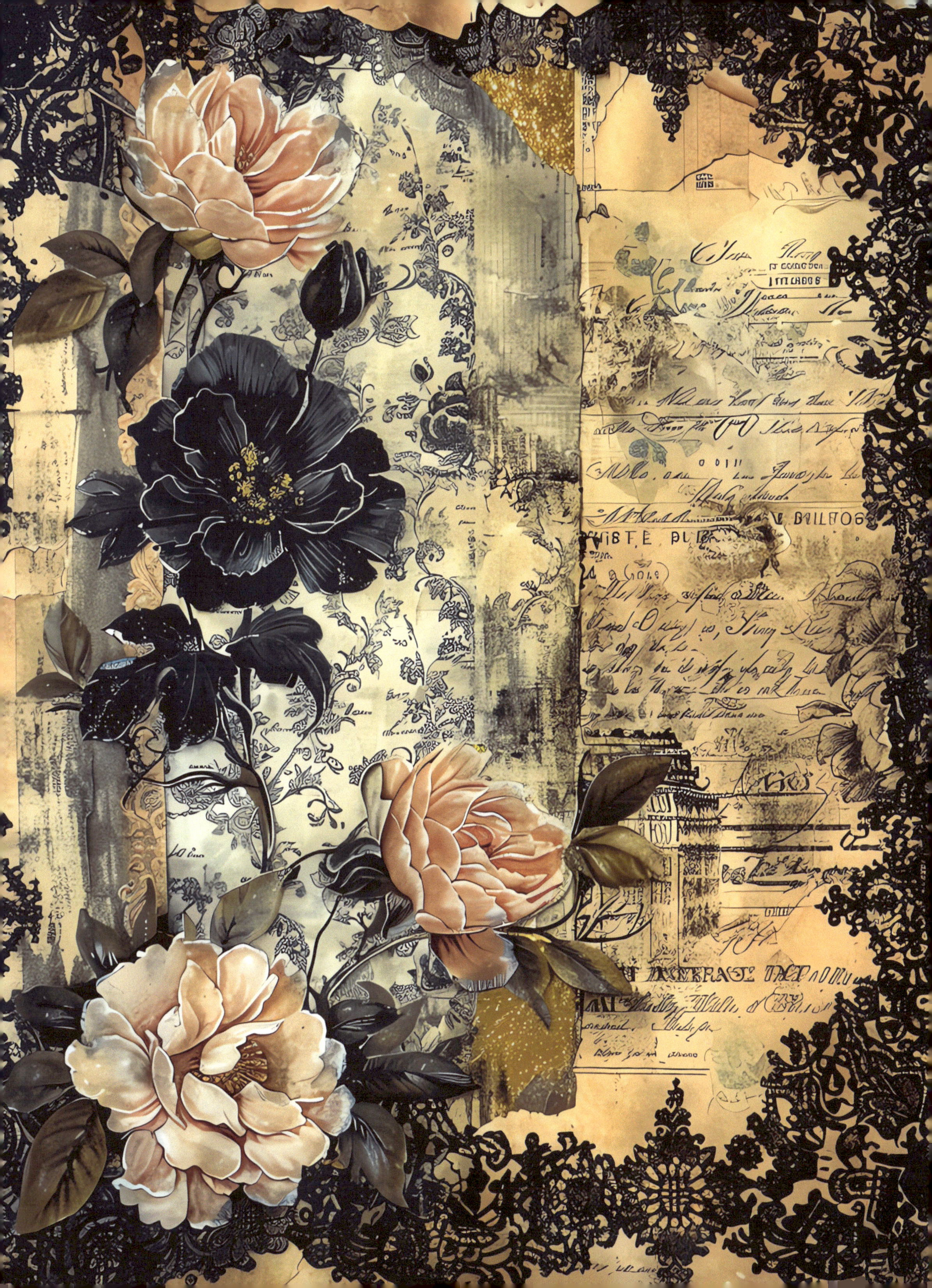

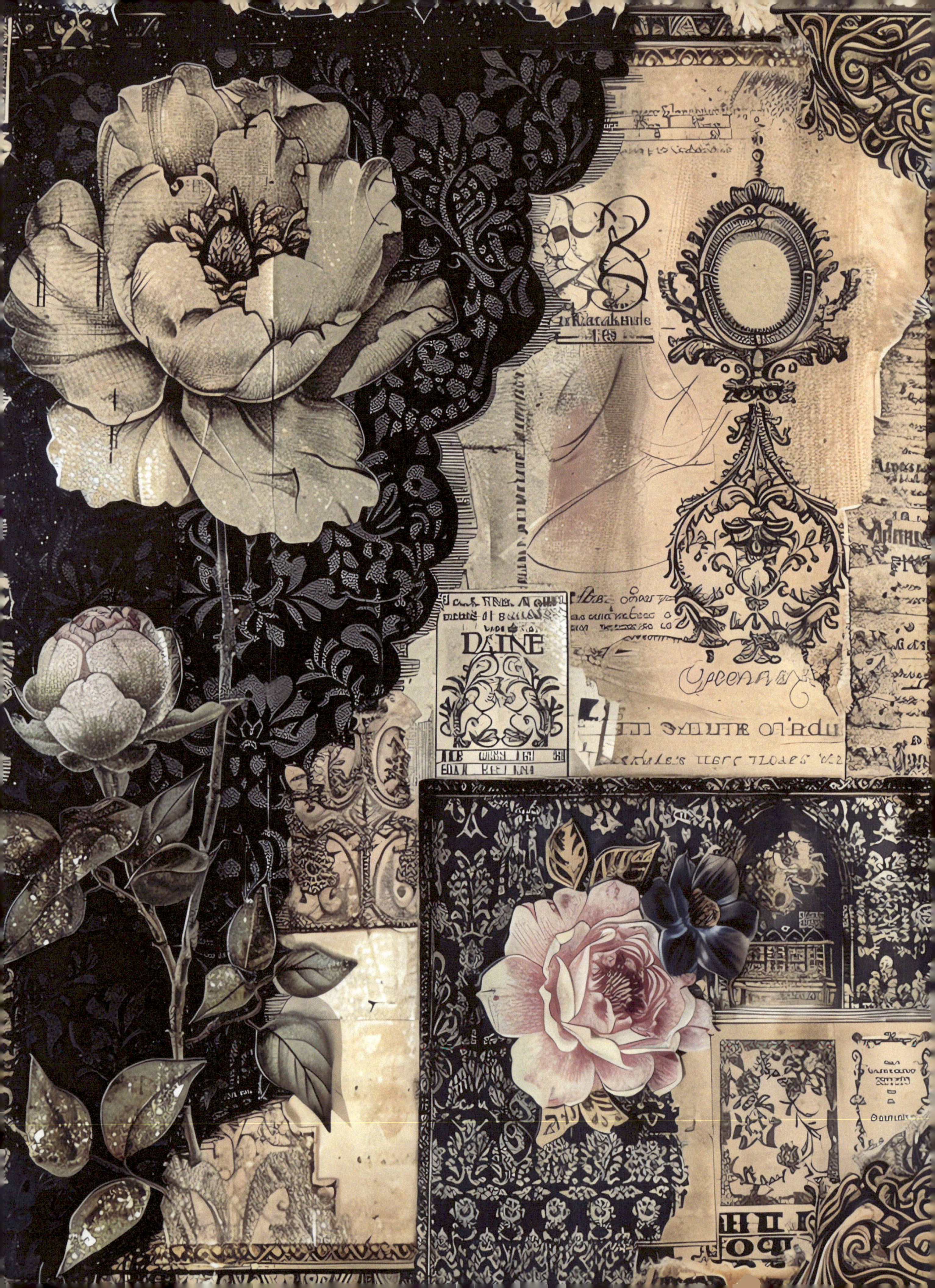
DAINE

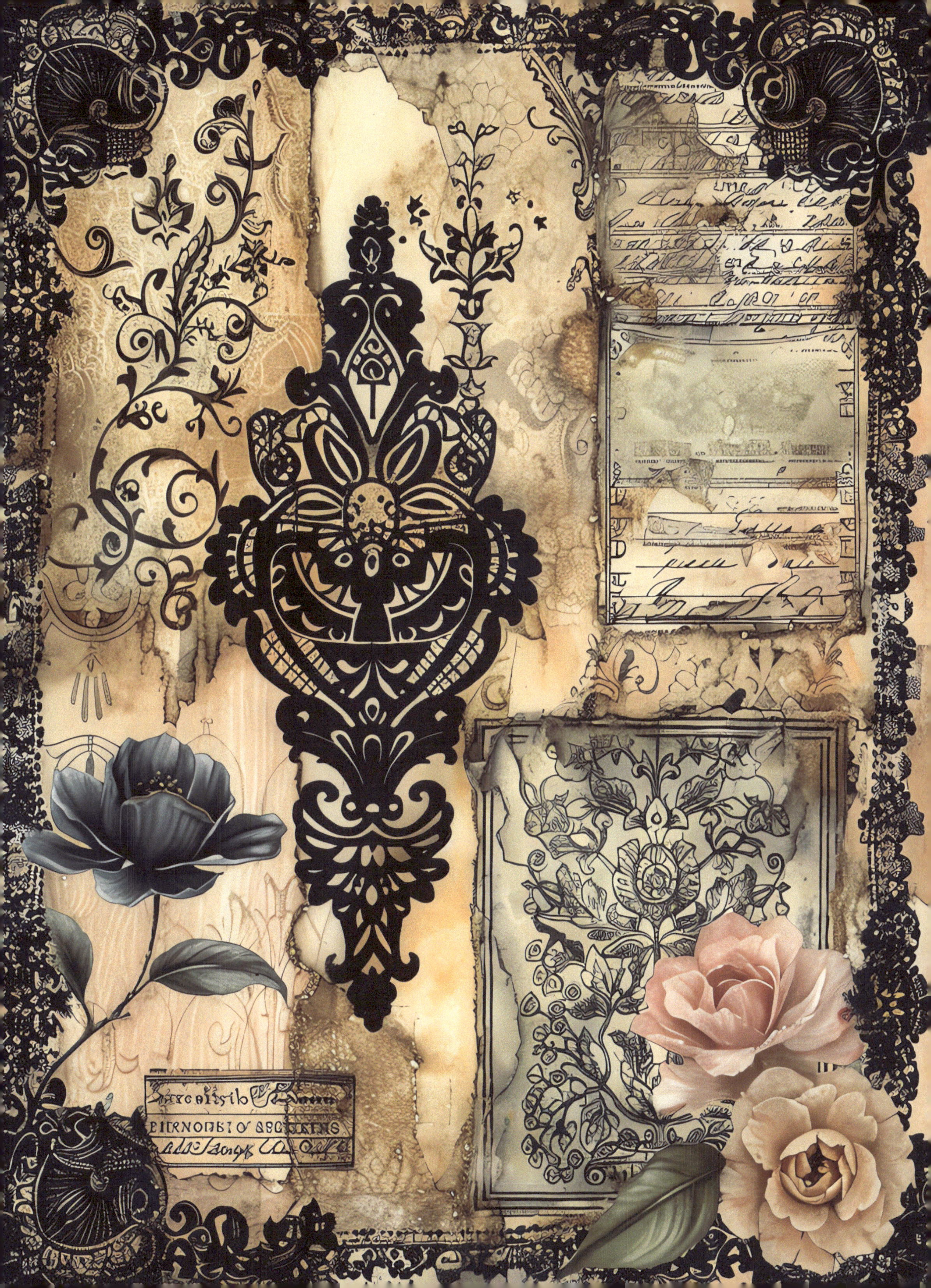

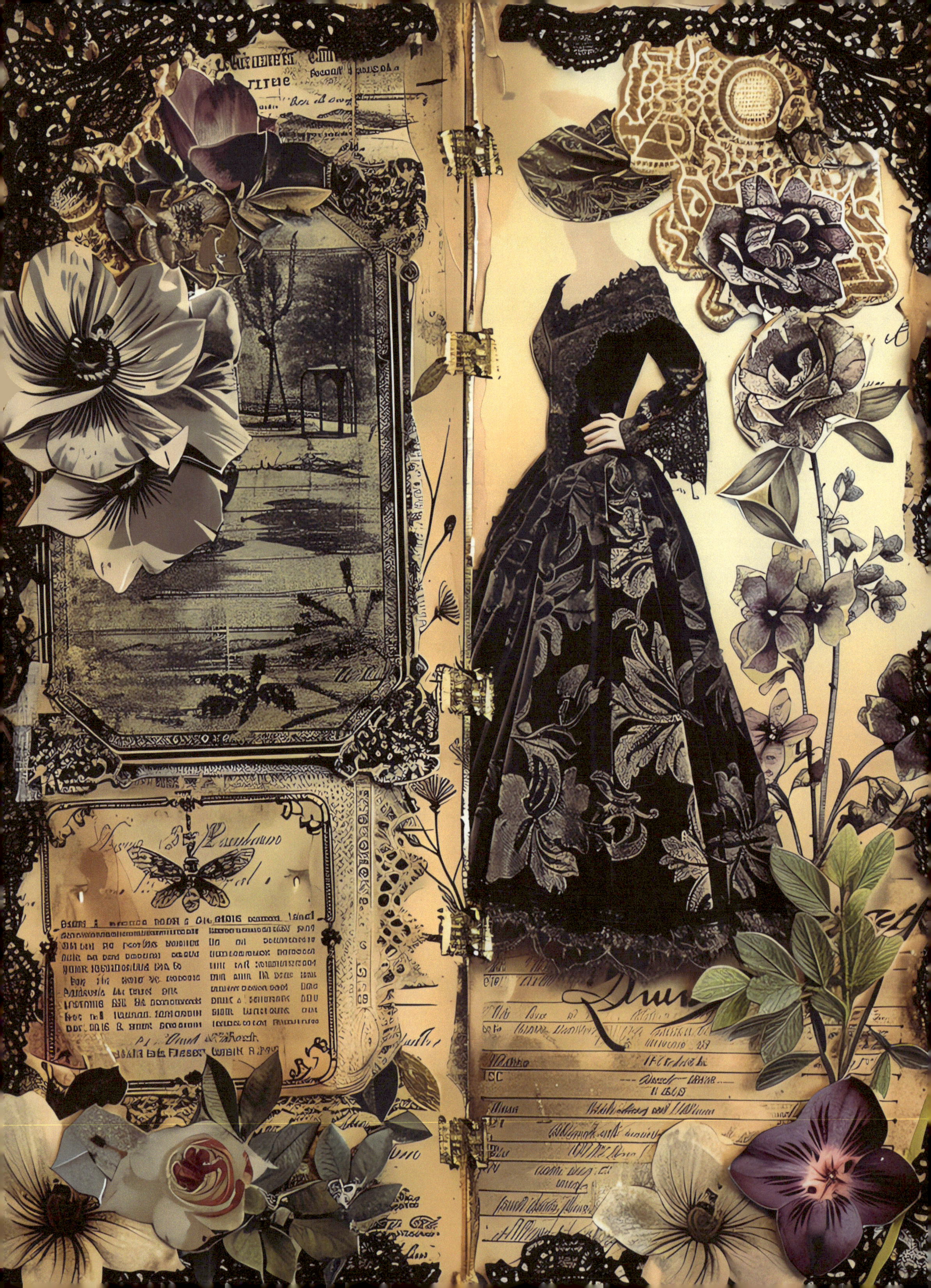

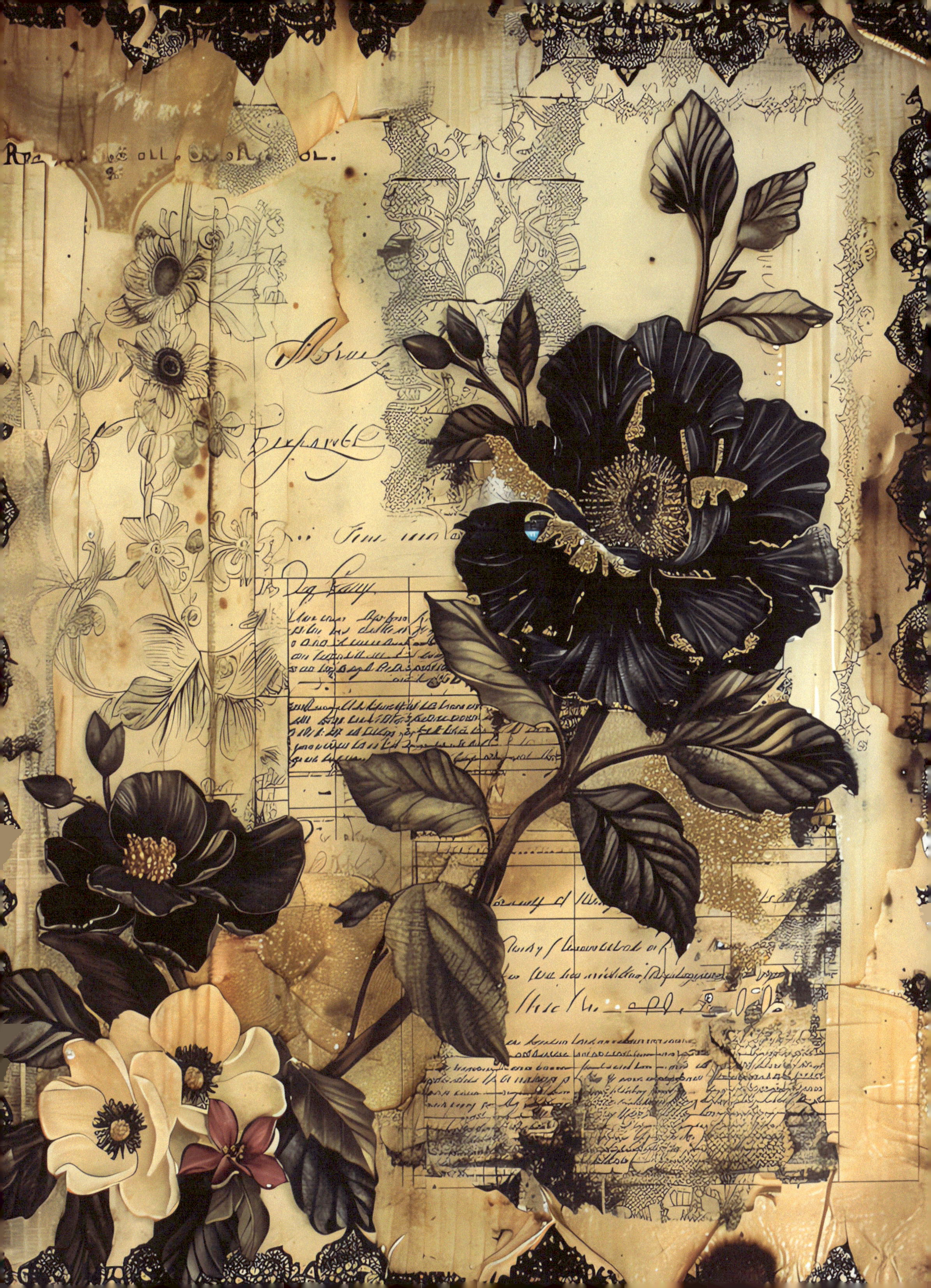

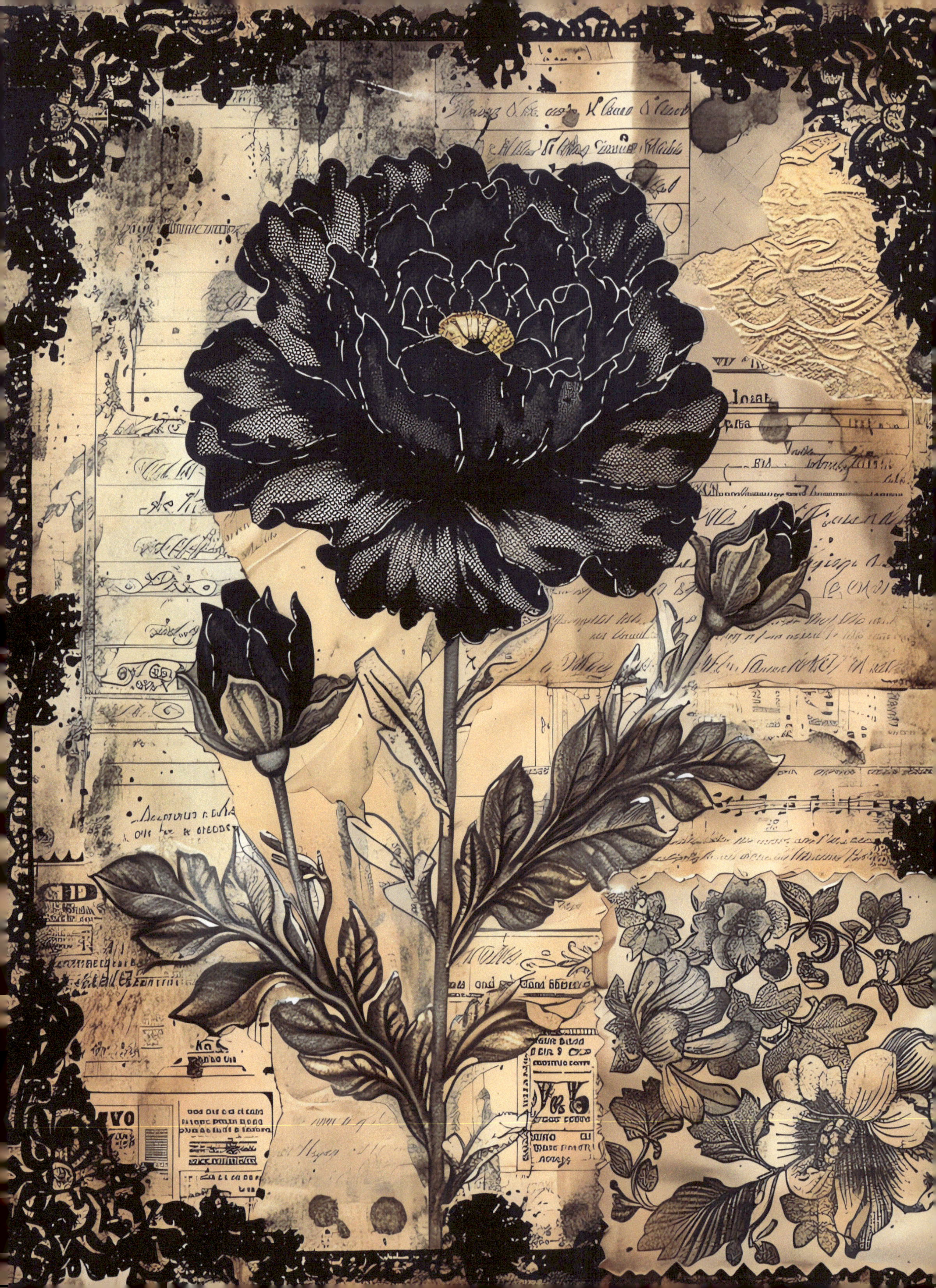

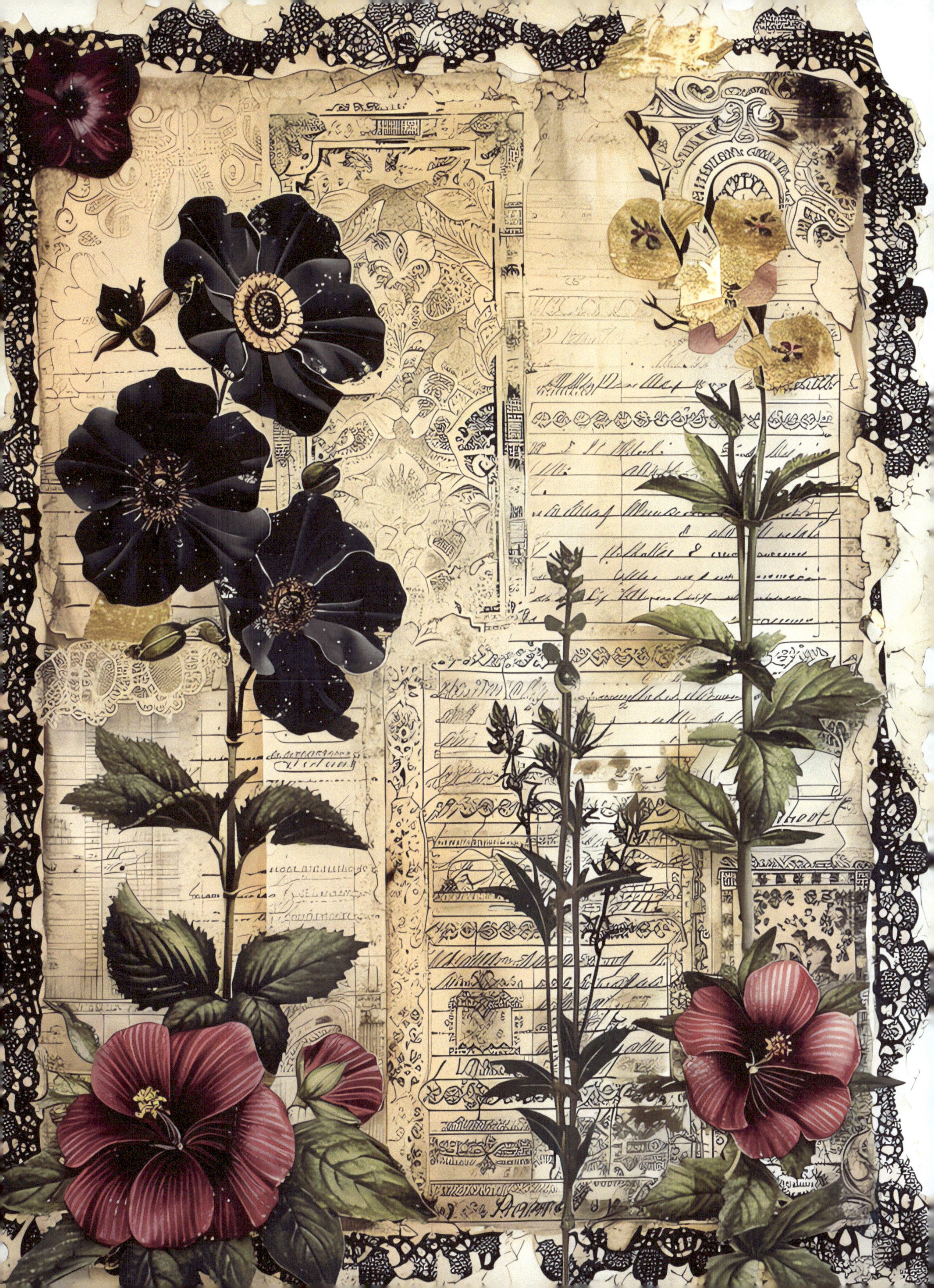

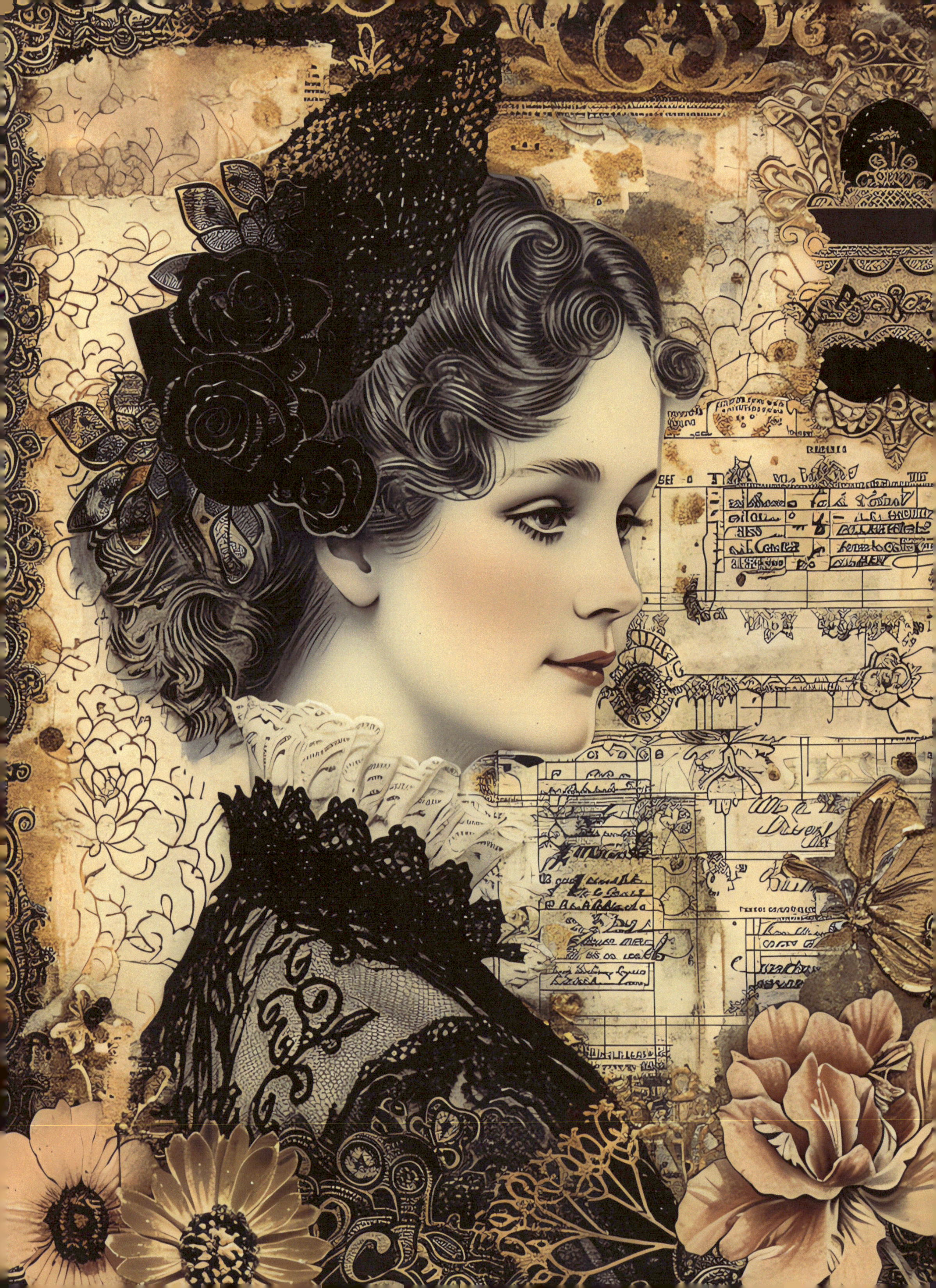

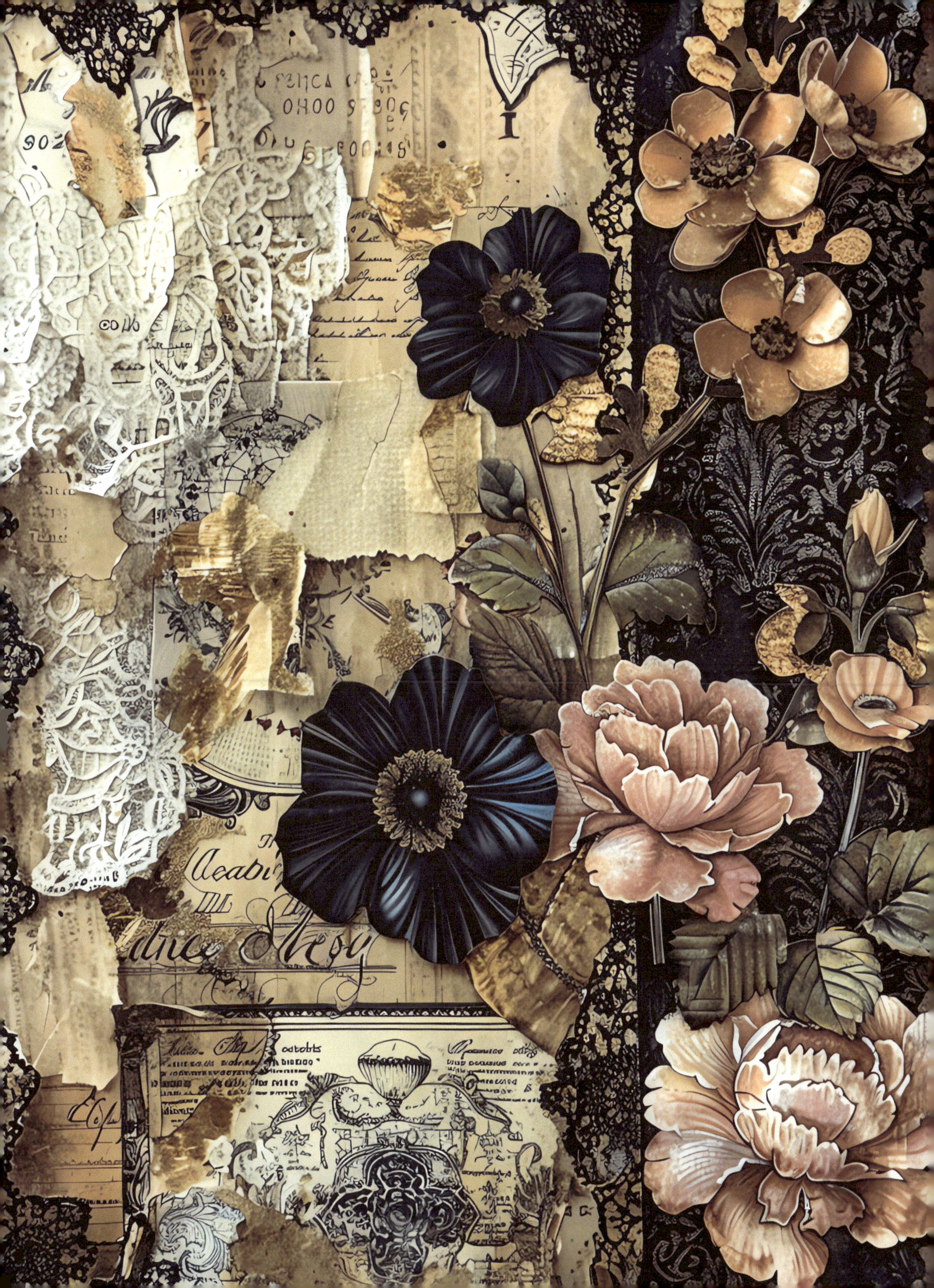

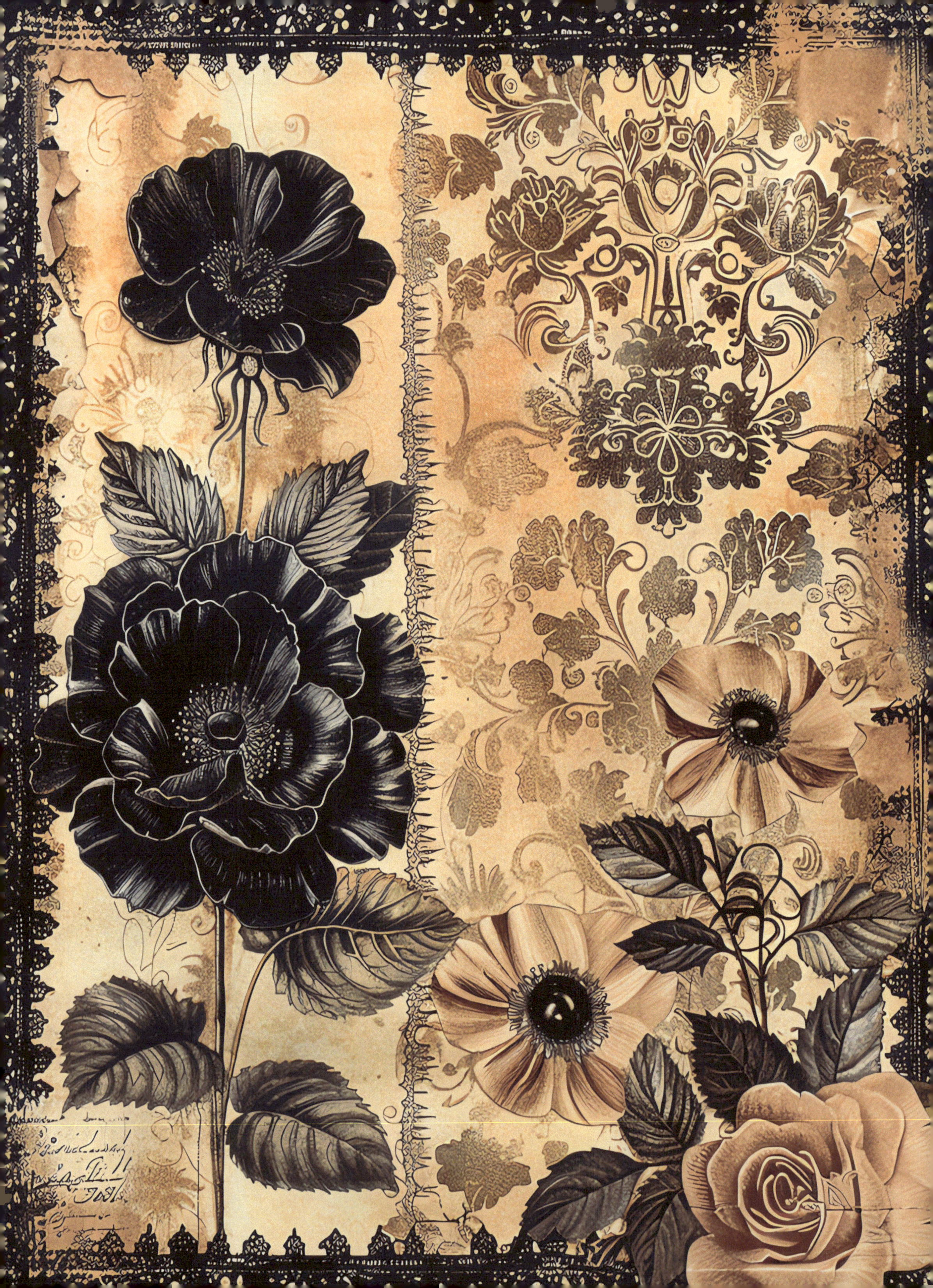

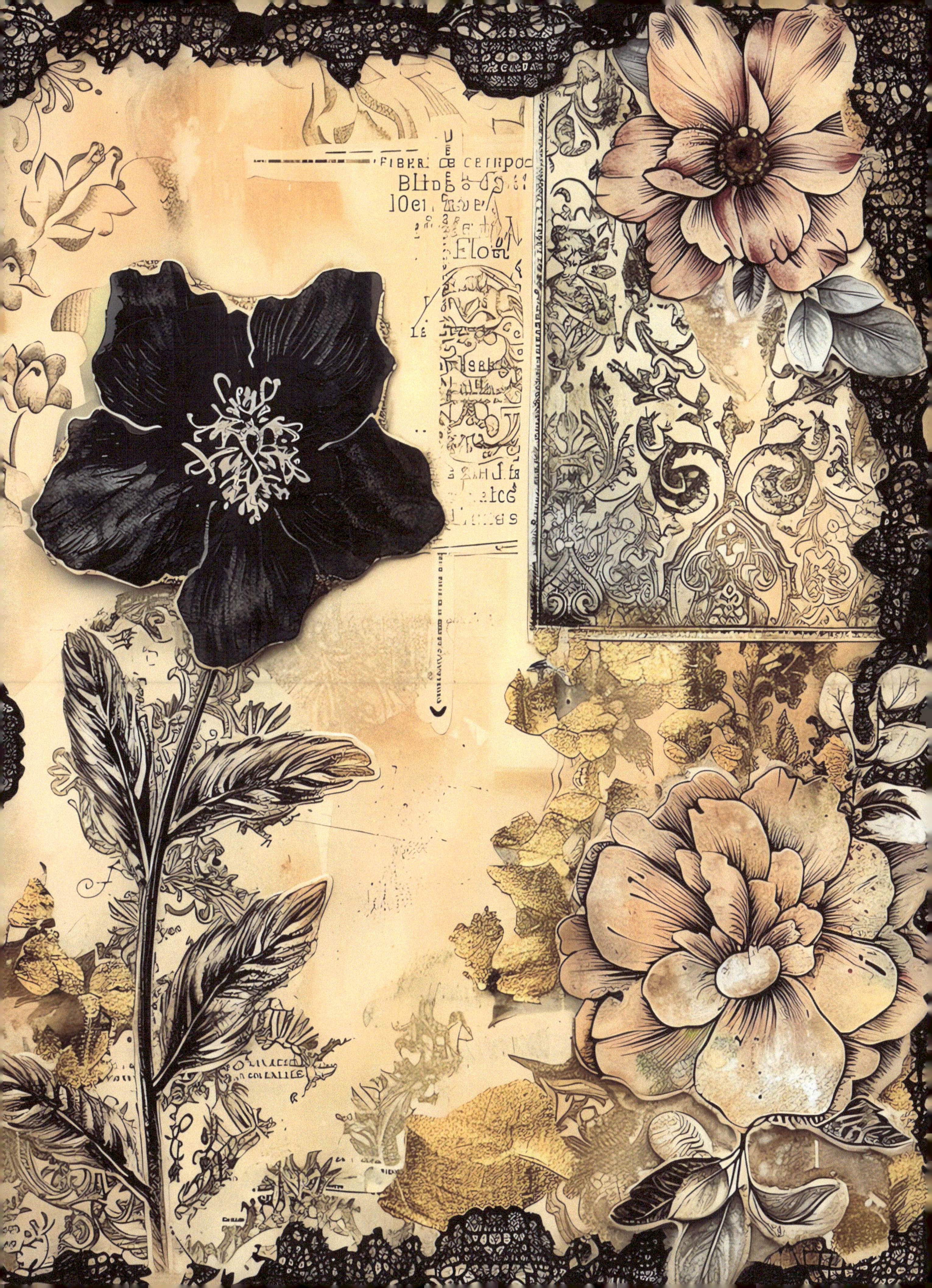

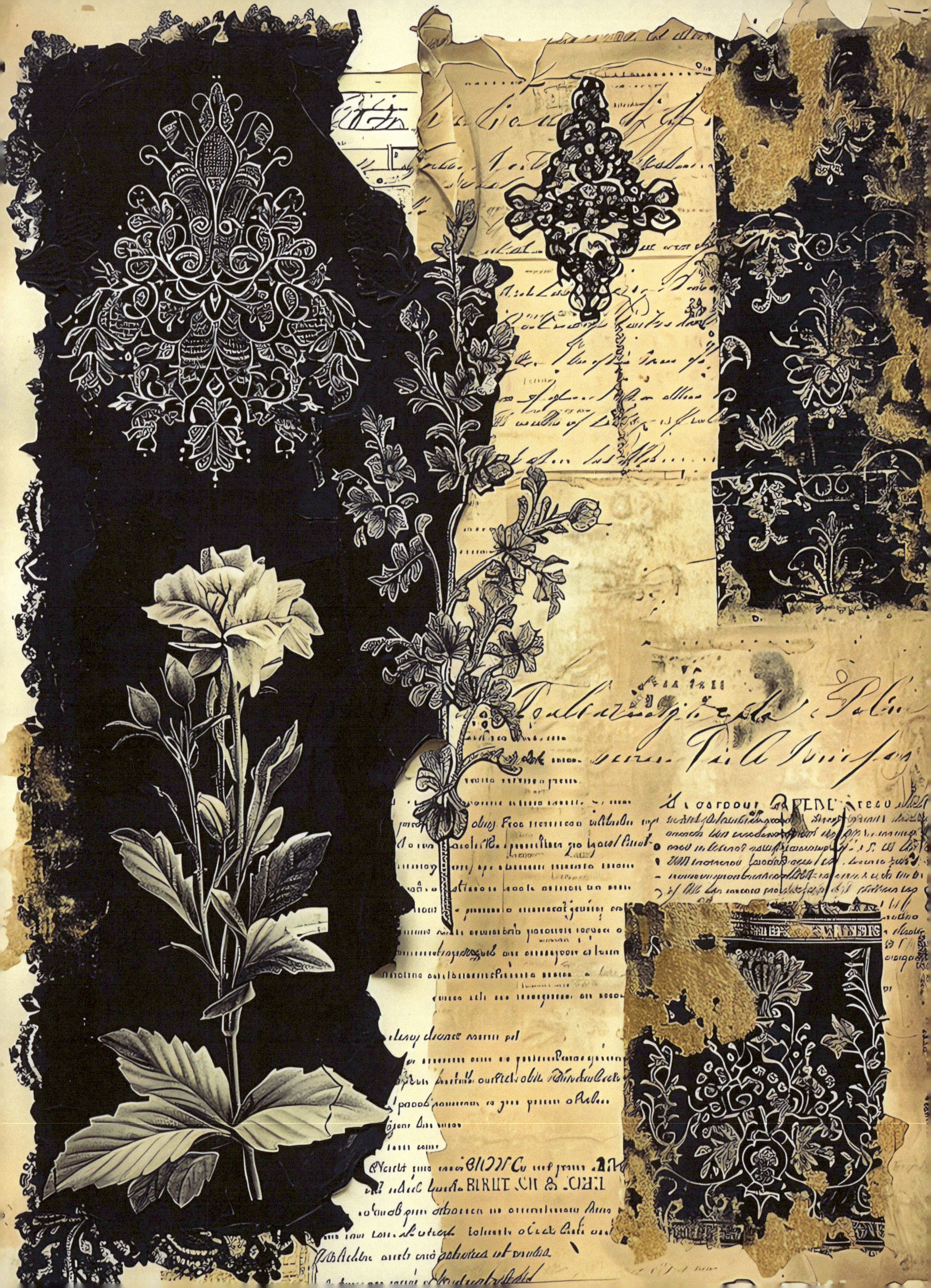

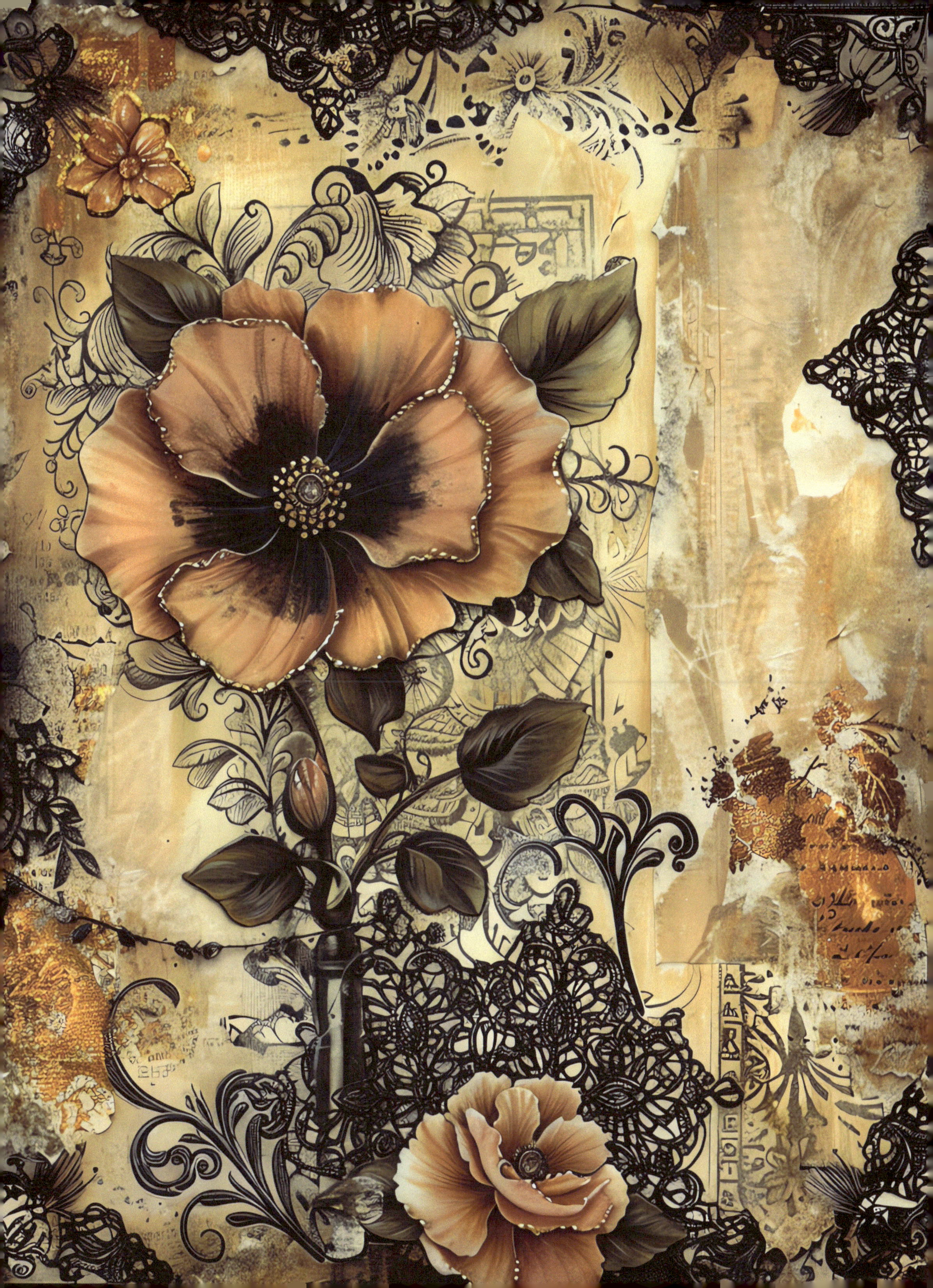

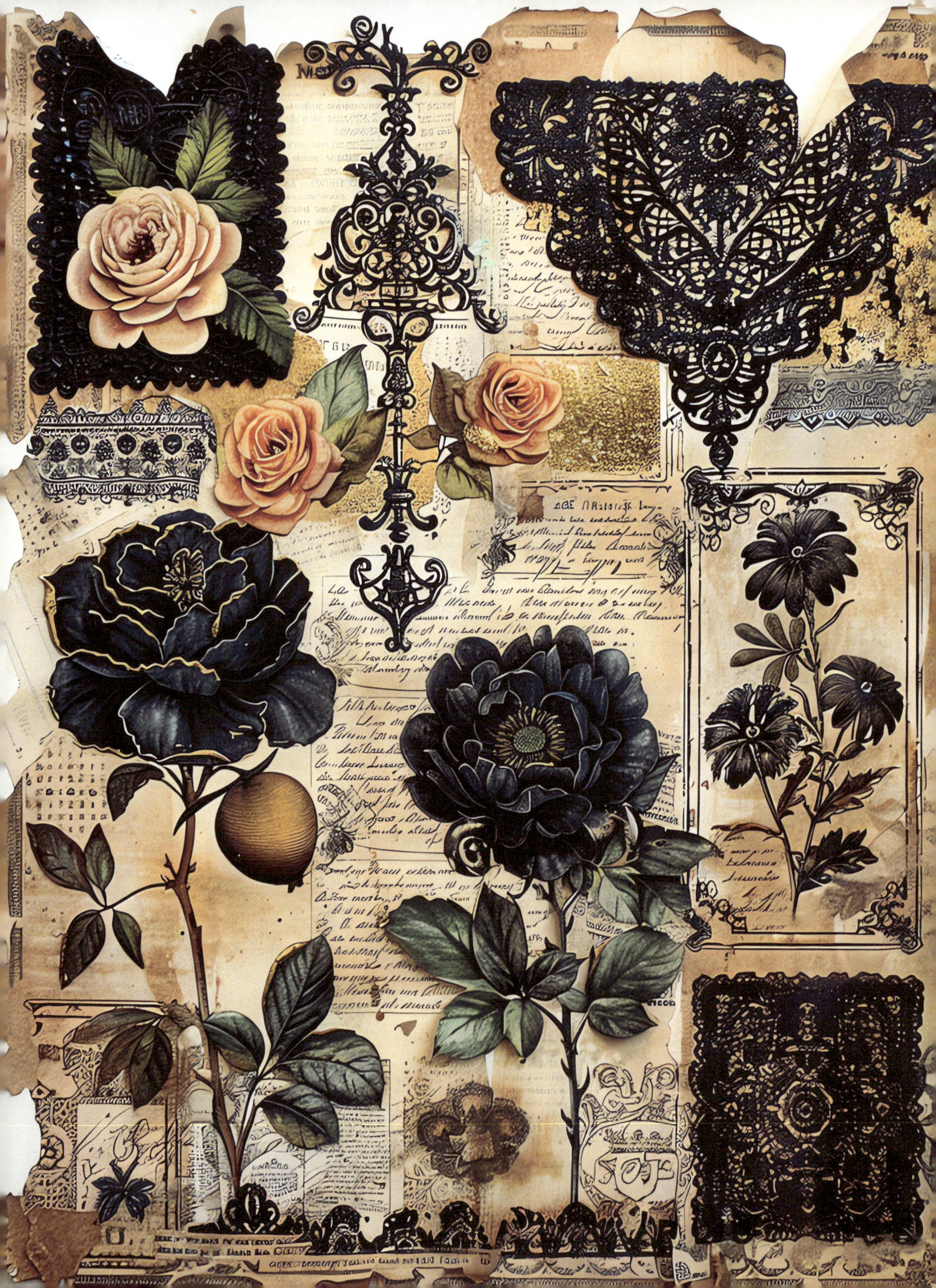

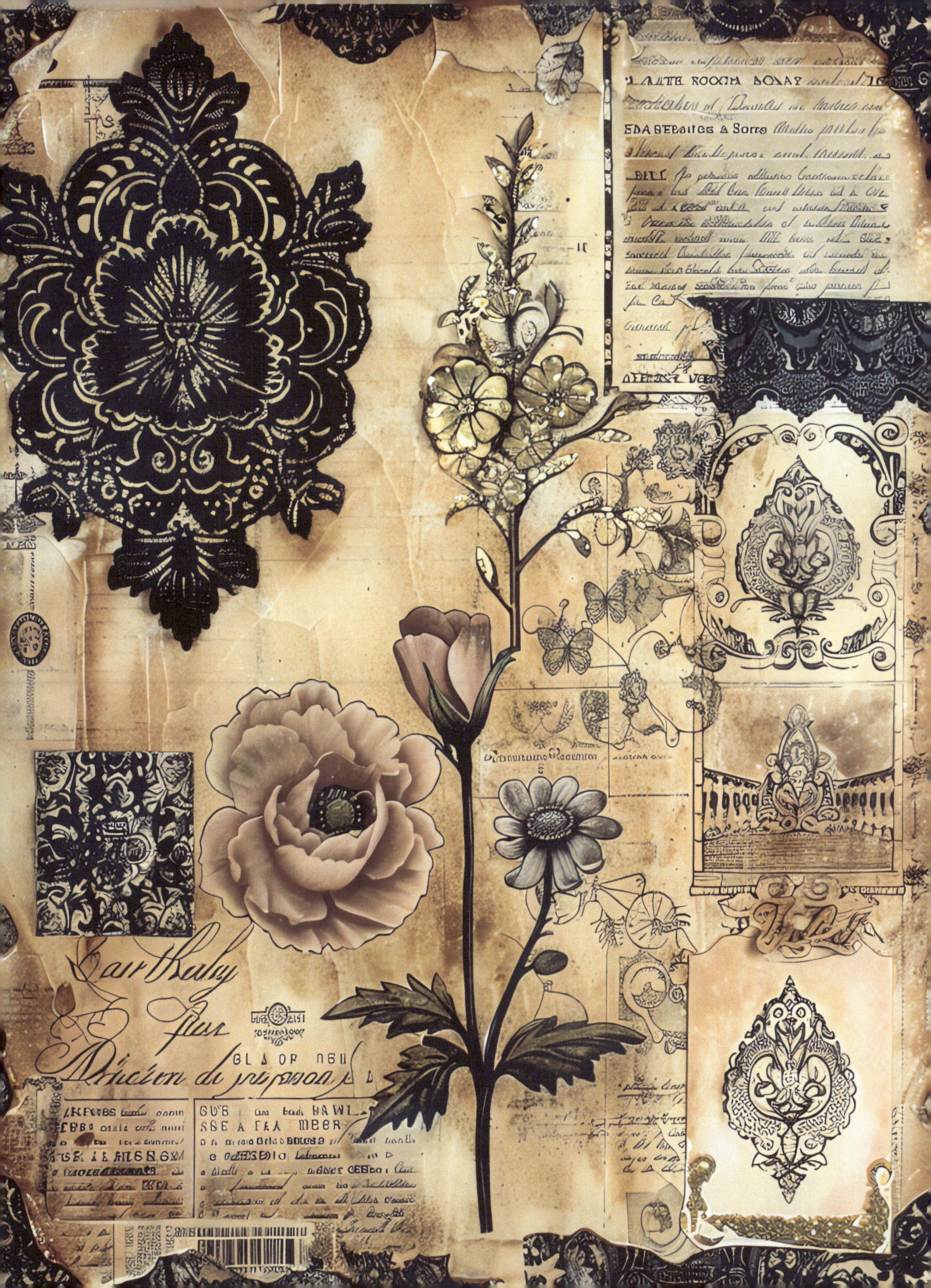

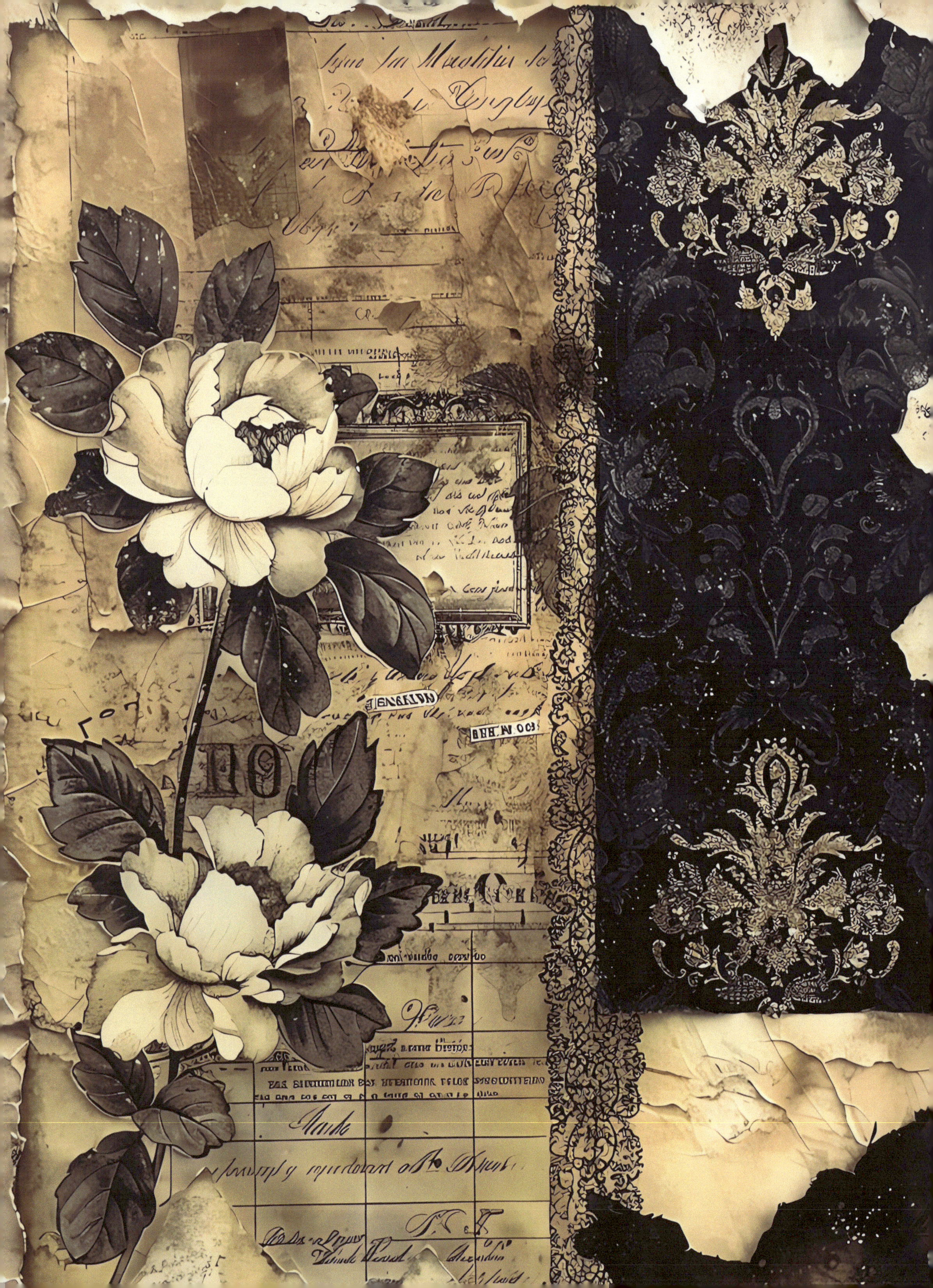

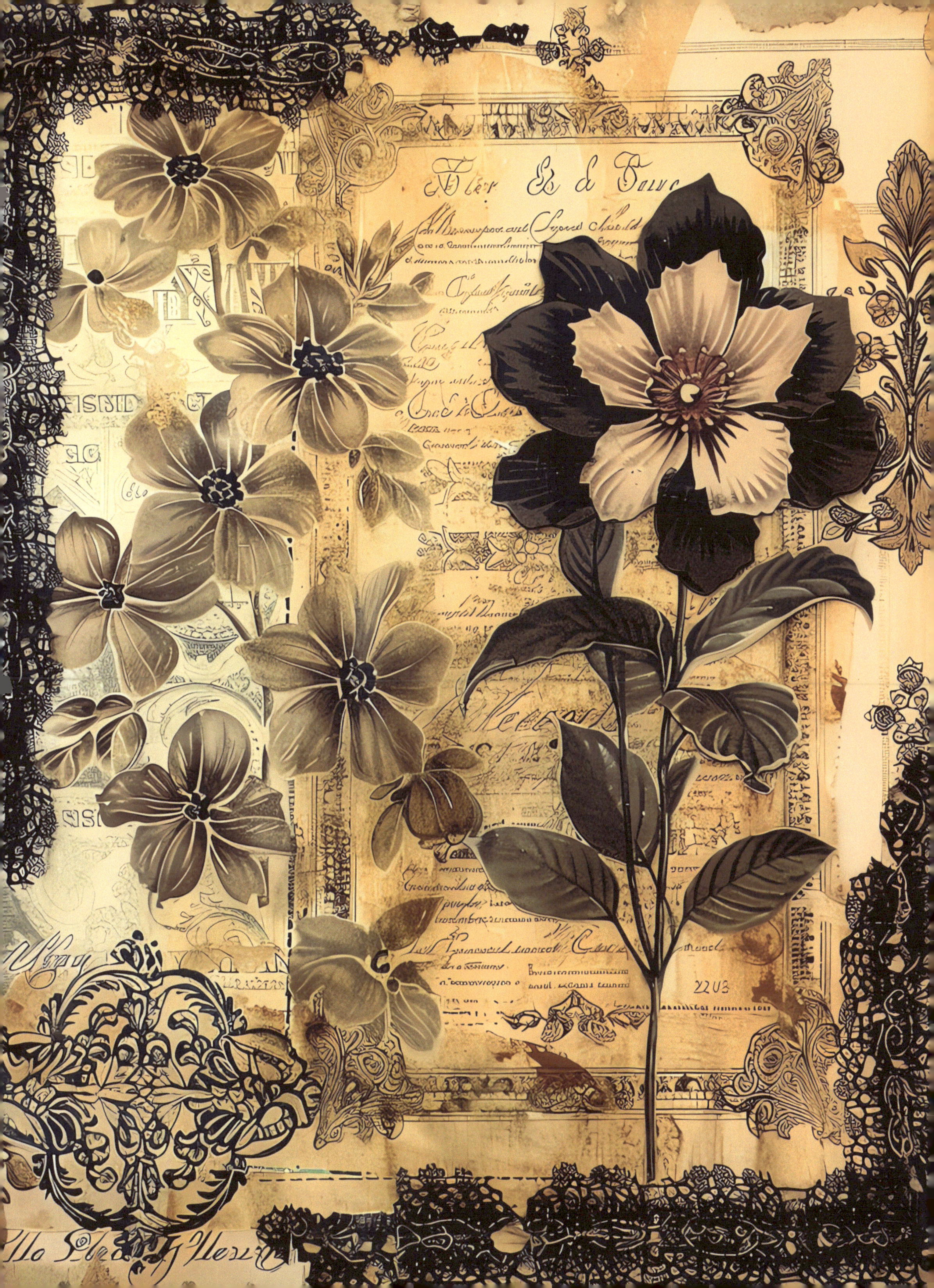

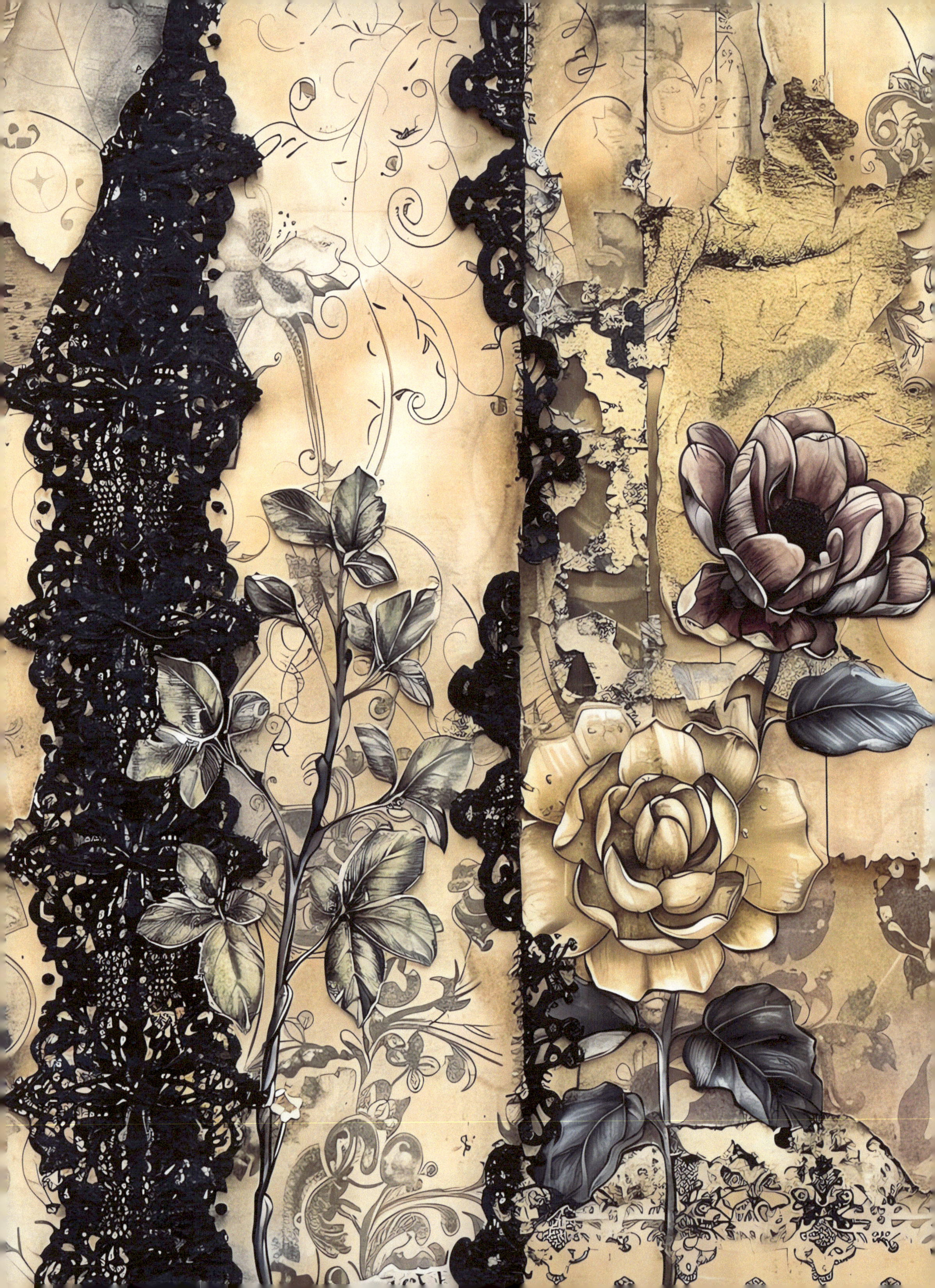

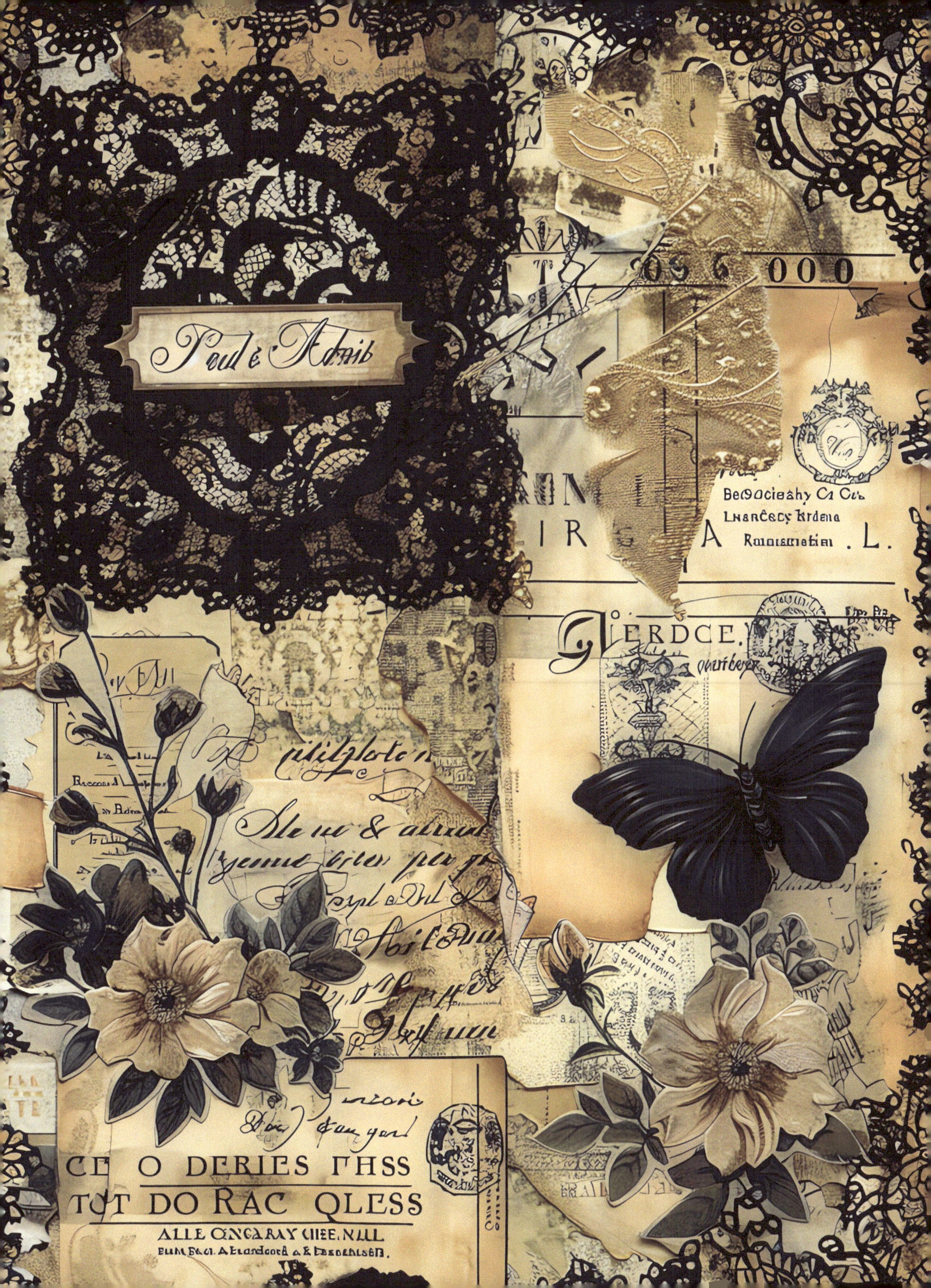
ERDCE.
CE O DERIES FHSS
TOT DO RAC QLESS

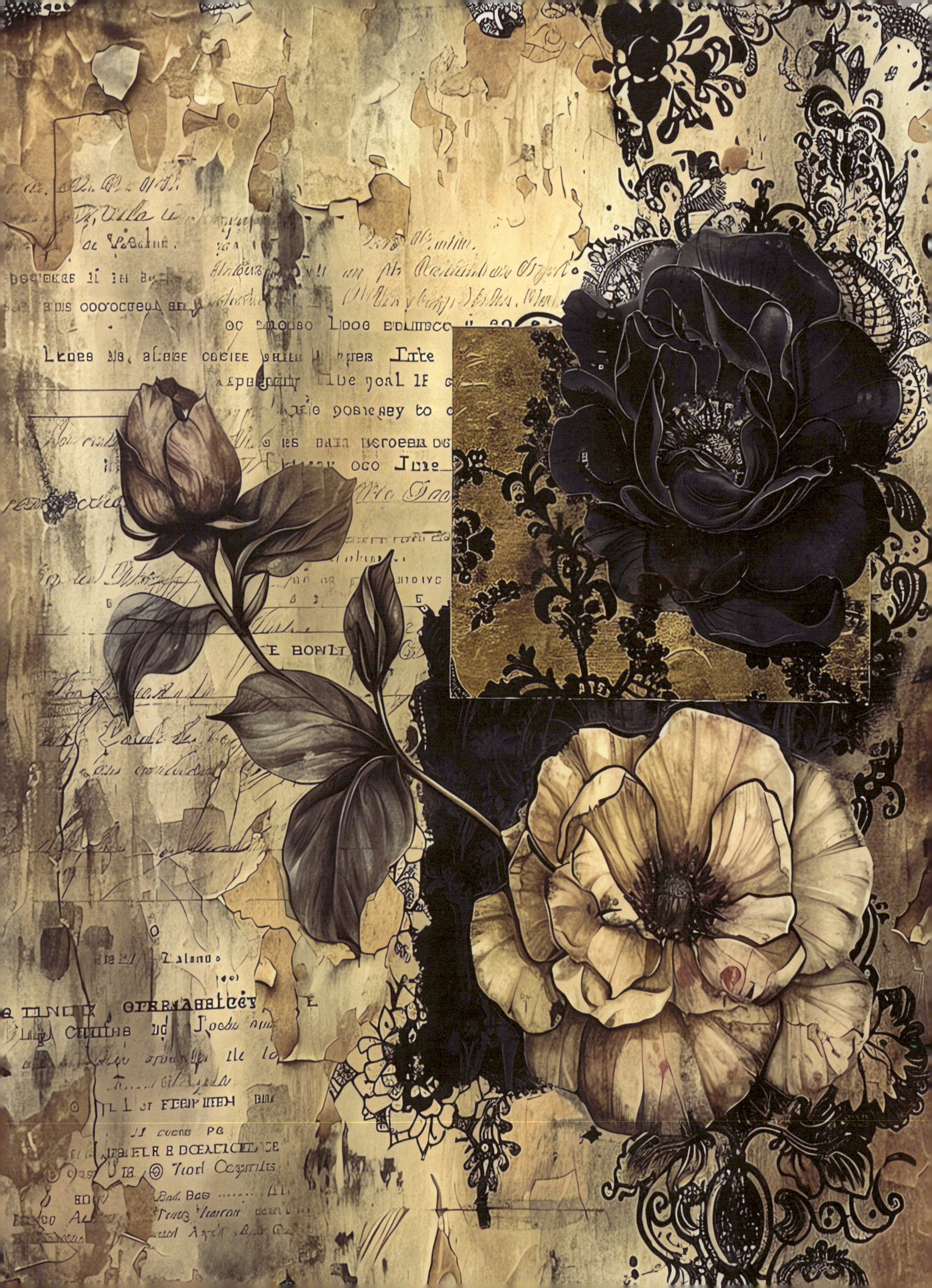

www.ingramcontent.com/pod-product-compliance
Lightning Source LLC
Chambersburg PA
CBHW040447220526
45473CB00004B/1546
* 9 7 9 8 3 0 1 3 2 6 3 9 4 *